本书是新疆生产建设兵团哲学社会科学基金一般项目《兵团土地流转的现实问题及其对策研究》成果。项目批准号：12YB02

新疆生产建设兵团土地流转的现实问题及其对策研究

魏　磊／著

中国社会出版社
国家一级出版社·全国百佳图书出版单位

图书在版编目（CIP）数据

新疆生产建设兵团土地流转的现实问题及其对策研究 / 魏磊著. --北京：中国社会出版社，2018.9

ISBN 978-7-5087-6058-2

Ⅰ.①新… Ⅱ.①魏… Ⅲ.①生产建设兵团—土地流转—研究—新疆 Ⅳ.①F321.1

中国版本图书馆 CIP 数据核字（2018）第 206987 号

书　　名：新疆生产建设兵团土地流转的现实问题及其对策研究

著　　者：魏　磊

出 版 人：浦善新

终 审 人：李　浩

责任编辑：陈贵红

出版发行：中国社会出版社　　**邮政编码**：100032

通联方式：北京市西城区二龙路甲 33 号

电　　话：编辑部：（010）58124828

邮购部：（010）58124848

销售部：（010）58124845

传　真：（010）58124856

网　　址：www.shcbs.com.cm

shcbs.mca.gov.cn

经　　销：各地新华书店

中国社会出版社天猫旗舰店

印刷装订：三河市华东印刷有限公司

开　　本：170mm×240mm　1/16

印　　张：13

字　　数：200 千字

版　　次：2019 年 1 月第 1 版

印　　次：2019 年 1 月第 1 次印刷

定　　价：46.00 元

中国社会出版社微信公众号

出版说明

本书是新疆生产建设兵团哲学社会科学基金一般项目《兵团土地流转的现实问题及其对策研究》(项目批准号:12YB02)的研究成果。

土地流转是指土地使用权流转,是指拥有土地承包经营权的农户保留承包权,而将土地经营权,实际上就是土地使用权,转让给其他农户或经济组织。兵团土地制度现代化是兵团农业现代化的基础载体。新疆生产建设兵团(以下简称兵团)土地制度因自身党政军企合一特殊体制和屯垦戍边使命因而与内地土地制度有所不同。从新疆生产建设兵团成立初期土地一切权益归国有,到兵团被撤销后恢复建制时先后实行“一主两翼”和企业化承包经营制度,再到新疆兵团计划单列后实行“两费自理”和“租赁经营”,最终以兵团“1+3”文件确立的统分结合的双层经营体制作为兵团基础土地制度定型并向现代化延续。实现土地使用权流转制度的法治化也是兵团农业现代转型的大势所趋,也是兵团农业实现规模经营的必备条件。完善兵团屯垦戍边职能,必解兵团土地承包经营权流转之结。

本书对兵团土地制度史进行梳理,这是基础性的资料整理工作。再结合国外土地制度比较研究,共同引申出通用的共性性质的、用法律妥善规范土地流转的原则与规则。首先,本课题主要通过对美国、英国、法国、日本4个国家的土地流转的比较研究,试图概括土地流转对于以上国家农业现代化的积极影响。以批判借鉴的态度,资以为本课题研究提供方法视角。也期作为我国土地立法的借鉴,再细化至新疆生产建设兵团的土地流转政策设置建议。其次,总体上看兵团农村土地流转规模不断扩大，农业的规模化、集约化和专业化生产水平不断提高，较好地实现了土地、资金、技术、劳动力等生产要素的合理流动和资源的优化配置，对推进兵团现代农业发展和规模经营起到了积极作用。再次，通过对兵团职工和农户的需求与满意度调查的实证调研，对兵团土地流转已取得的经验和存在的现实问题充分思考归纳。结合兵团现行土地政策对于现行各种土地流转模式的制度性影响进行实证调研并进行分析，适度考虑土地金融组织、土地中介组织等中间环节对土地流转的影响，实现较大程度的总结兵团土地流转的现实问题。最后，基于前述成果，提出科学可行的发展和完善兵团土地流转的法律对策。

本书以习近平新时代中国特色社会主义思想为指导，贯彻党的十九大和十九届一中、二中、三中全会精神，全面落实新时代党的建设总要求，按照理论联系实际的原则，对新疆兵团土地流转理论进行新的研究探索，既注意吸收本领域理论研究的新观点，又着重对理论研讨中的重要问题作出评析。努力使本书具有深刻的理论性和较强的实用性。

限于作者水平，书中缺点与错误在所难免，敬请读者多多批评指正。

作　者

2018年6月8日

目　录

CONTENTS

第一章

本课题研究简述

一、国内外研究现状简述

（一）近年来，国内学者对土地流转问题的理论和实证研究有一定积累，其研究大致分为三阶段

改革开放后，深圳特区的土地改革试点使土地流转变成了现实。鉴于此，我国1988年宪法删去土地不得“出租”的内容，增加了“土地使用权可以依照法律的规定转让”的条款。根据宪法的规定，国务院又颁布了《城镇国有土地使用权出让和转让暂行条例》。至此，我国土地所有权的静态格局被打破，土地流转问题开始被广泛研究。其研究可概括为三阶段：早期尝试阶段、中期扩展阶段和后期深入阶段，涉及土地所有权与使用权分离等普遍问题；以及区域土地产业化规模经营的影响因素及形成过程；辅助金融机制与信用体系构建；流转过程监管及农民利益保障；在土地流转中统筹城乡关系，及政府职能与责任重塑；耕地保护和资源优化配置探讨；后期有股份制改造、中介组织模式研究以及土地流转的制度改革创新。三个阶段总体上遵循由无到有、由简入深、从实践到理论再指向制度的规律。

第一阶段从1990年到2001年，学者们主要从土地流转的必要性出发，研究了土地流转市场化需求，兼及土地合同的有效性、转包、抵押、继承等法律技术问题，分析了土地流转的动因，提出了土地流转法律机制的雏形。

黑龙江省土地管理局学者修海玉、李晓秋、邢继军、张艳琴在《农村土地流转运作方式与土地流转市场建设初探》（农业经济问题，1994/11）提出：“随着农村市

场经济的迅速发展，集体土地经济也逐渐繁荣起来，集体土地使用权流转日趋活跃。而集体土地使用权自由流转，势必导致农村经济混乱，影响国民经济健康发展。因此，应当引导集体土地科学、合理、合法地流转。我们认为：可供选择的一条富有实效的途径就是建立农村土地流转市场”。学者杨学成在《试论农村土地流转的市场化》（中国社会科学，1994/104）提出：“目前我国农村普遍实行的计划式、行政式的统一调整土地的办法，存在严重弊端。土地作为一种最基本的农业生产资料，其流转必须通过市场机制来实现。在培育农村土地市场的过程中，要科学界定土地产权，逐步推行规范化的地籍管理办法，并制定和完善土地流转的监督管理制度。”

学者俞浩明在《农村土地流转刍议》（江苏经济探讨，1994/05）提出：“党的十四大确立了社会主义市场经济体制改革的目标。建立农村土地流转机制，既是实现这一目标的客观要求，也为农村社会主义市场经济的发展充实了内容。土地是农村市场体系的重要组成部分。社会主义市场经济是现代化的商品经济，在国家宏观调控下，以市场基础配置社会资源，它不仅需要充满生机的商品市场，更要加快生产要素的市场化进程，目前农村中的劳务市场、资金市场正在发育，而土地流转明显滞后。土地是农业生产最基本的生产资料，是其他要素无法取代的稀缺资源。如果离开了土地要素的流动，农村的市场体系就不完全。搞市场经济没有无价的资源，建立正常的农村土地流转机制，使之与其他市场相互配套、同步发展，才能真正建立农村社会主义市场经济体制。”学者王宏涛在《试论土地流转机制》（经济问题，1994/03）提出：“我国现阶段的土地流转机制是计划经济的产物，土地产权的流转集中表现为‘非市场化’的隐性行为。造成我国土地流转机制滞后的原因，客观上讲，具有政治、经济、法律等多方面因素。其中，产权不清晰是根本原因。随着农业社会化、专业化、商品化的发展，农业小生产与大市场的矛盾越来越突出，适当的规模经营要求有限的土地向种田能手集中，建立完善、高效的土地流转机制成为客观需要。”

学者易可君在《农村土地流转模式研究》（岭南学刊，1995/06）提出：“以土地所有权与经营权相分离和家庭‘承包制’为特征的第一轮土地承包的施行，实现了我国农业生产发展的历史性转折和飞跃。但在发展变化了的新的经济政治环境下,还存在许多局限性。为了克服第一轮土地承包的局限性,第二轮土地承包对土地家庭承包制进行了调整和补充,并对已经在农村出现的土地流转模式进行了政策规范。第二轮土地承包实现了土地经营权与使用权的分离,土地合理流转得以进行。在农村土地制度深化改革的实践中,农民创造了土地分散自发流转和集中连片有组织流转的诸多模式,这些模式都有一定的生存空间。在农村土地制度深化改革中,应该尊重农民在实践中的首创精神,在农民自愿和自主抉择的基础上,因势利导,总结试点经验,推进农村土地制度改革向纵深发展。"该文同时对土地分散流转模式、优势及适应范围和土地集中连片流转模式、优势及适应范围进行了列举和分析,属于早期开创性的研究。

学者楚玲《关于建立农村土地流转制度的研究》(经济地理,1995/01)提出:"党的十四大提出了建立社会主义市场经济体制的目标模式。农业和农村经济作为整个社会主义市场经济的一个重要组成部分,如何积极适应这一要求,加速向市场经济转化,是一个极其重要的内容。特别是土地作为农业生产最基本的生产要素,怎样适应市场经济的发展要求,在稳定家庭联产承包责任制的前提下,进行合理的流转,更是当前必须研究解决的重大课题。按照小平同志的论述,在中国社会主义农业改革和发展中,有两个大的飞跃。农业第一次飞跃的核心内容是家庭联产承包责任制的实行,第二次飞跃的核心内容就是发展适度规模经营。目前在我国农村,第一次飞跃已经获得极大的成功,第二次飞跃也已开始。发展农业适度规模经营的前提条件之一,是要建立合理的农村土地流转制度。"学者吴雨晴、王俊国在《关于发展集体土地流转市场的问题》(经济与管理研究,1995/02)提出:"随着社会主义市场经济体制的逐步建立,国有土地市场得到发展,集体土地市场也在悄然兴起,已构成了土地使用制度改革乃至整个经济体制改革中一个不容忽视的方面。"这种研究属于提出问题类型。

学者朱勇在《农村土地流转机制的构建及若干政策措施》(经济改革与发展 1995/12)提出:"经过十几年的改革开放,我国农业增长方式开始由单纯的注重数量型外延增长向既注重数量又注重质量的内涵型扩大增长转变,农民收入增长方式正由价格主导型刺激为主向追求农业生产规模经营，提高农业劳动生产率转变。然而我国的农地制度却仍在沿革改革之初那种耕地好坏搭配、远近搭配、平均搭配的农业小规模家庭经营格局，这与近几年来农村经济发展和市场经济体制的确立，农村非农产业迅速发展，城乡交融互助，与我国农业正进入新的发展阶段，对农村耕地合理流动、高效运转的要求，出现了某些不协调。”学者马世界在《制约土地流转机制运行的因素》（农业经济问题，1997/05）提出：“为期15年的家庭联产承包制合同于1995年先后到期，第二轮土地承包，即延长农民土地承包期合同的工作随之展开。各级政府决策部门在制订第二轮土地承包政策时除维持现有土地承包关系30年不变外，把放活土地使用权、建立流转机制列为重点。”

学者肖方扬、吴兴国在《关于集体土地流转中的法律问题的调查研究》（学术界，1998/05）提出：“1997年11月，《集体土地流转中的法律问题研究》课题组在有关土地管理部门的支持下，就集体土地流转的现状、流转中出现的新情况、新问题、新思路等进行了调查研究。集体土地流转（交易）的现实是客观存在的，并且不断发展，其方式主要包括转包、出租、入股、出让和征用等。我们认为这种现象的出现是农村市场经济发展的必然，政府应因势利导，加强管理规范，促使其健康良性发展，视而不见或一味采取堵的办法都是不合时宜的。”这是从法律角度进行了土地权利主体的论述，其社会调查也较为详尽。学者付艳娇在《对土地流转的探讨》（农业经济，1998/08）提出：“我国农村进入七十年代末期普遍实行了以家庭联产承包为主的责任制和统分结合的双层经营体制，极大地调动了农民的生产积极性，促进了整个农村经济的飞速发展。但近几年来，这种均田承包造成的土地零散分割，农户经营规模狭小，无法实现土地的规模效益以及抗御自然灾害侵袭，也不利于集约化经营，不利于新农业生产技术推广，致使经营中各种矛盾日益突出，迫切需要土地进行有序流转。促进土地流转，主要是让一部分农户转让土地，但农户不会无偿转让能给他们带来超额纯收入的土地。要解决这个矛盾，关键是土地承包权与使用权分离。”

学者赖昭瑞在《论市场经济条件下农村土地流转机制的构建》（经济问题，1999/04）提出：“伴随着我国社会主义市场经济体制的不断发育，在由传统农业向现代农业的历史性转轨过程中,农村生产要素配置的市场化是一种必然的选择。而作为农村生产要素系统中最基本构成要素的农村土地,其流转机制是否规范、组合方式是否科学,则直接决定与影响到农村要素市场的发育与农业资源配置效率的优化。土地流转的本质是产权主体的换位;土地流转的目标是合并与规模的有机耦合;土地流转的原则是市场化与规范化的功能互补;土地流转的方式是租赁、抵押与买卖的有机统一。政府对土地流转的宏观调控主要有两个方面的依据:一是国家对土地产权要素(主要是最终处分权与宏观配置权)的拥有,这是政府调节土地流转的内在依据,也是政府实施有效的宏观调控以求自身效益最大化的重要动力所在;二是作为公共利益的代表,国家也应当利用自身的政府管理职能,对土地流转与配置进行符合整个国民经济发展与社会稳定的协调与管理,以保证土地公平与效率双重目标的协调与一致。具体而言,国家对土地流转的宏观调节主要是从两个方面入手,一是弥补市场机制配置土地的缺陷,尤其是对市场机制难以有效配置的土地资源,通过土地政策等加以及时调节,从社会效益与宏观效益的角度进行引导,以防止土地流转的外部不经济;二是为土地的实际流转与配置创造一个良好的外部环境,利用经济手段(如税收、地价等)、法律手段和行政组织手段,维持土地供求基本平衡,控制非农用地规模,发育土地流转动力,调节农村土地资源在不同产业、不同地域的流动方向与数量,防范土地利用结构的宏观失调与土地流转格局的运作变形。”

浙江大学农业现代化与农村发展研究中心、浙江省农业厅联合调查组在《农村土地流转:新情况、新思考——浙江农村土地流转制度的调查》(中国农村经济,2001/10)提出:“土地流转规模在地区之间的差异主要由以下 4 方面的因素所决定,即农村经济发展水平、农村产业结构、人均耕地数量、地方政府的政策取向。通过调查得到的基本判断是:农民人均收入水平高、第一产业比重小、人均耕地数量适中、地方政府对土地流转的政策扶持力度较大,土地流转的规模就比较大,反之就比较小。土地流转形式在地区之间的差异则呈现出比较复杂的原因。从调查看,在一般情况下,私下自由流转会在土地流转中占较大比重;但如果政府对土地流转的扶持政策力度较大,则反租倒包和转让的比例会提高。如果政府对土地整理的投入较大,则土地互换的比例就相对较高。土地股份合作主要集中在城郊结合部和集镇所在的乡村,但总体比例都很低。此外,调查中还发现,一个地方的经济越发达,土地流转的形式越趋于多样化和分散化。在绍兴、常山等地出现了土地信托的方式。所谓土地信托,是指在坚持土地所有权不变、承包权稳定的前提下,按照土地使用权依法、自愿、有偿转让的原则,土地信托服务机构受土地承包者委托,将其拥有的土地使用权在一定期限内转让给其他单位和个人的行为。土地信托可以使土地从小范围流转扩大到大范围流转,克服配对量过小的弊端;可以使土地流转从临时性、个案性转变为经常性、整体性流转,适应农民在不同季节对土地流转的要求。土地信托不仅是对土地流转的一种单项服务,也是对发展效益农业的一项综合性、跟踪性服务。土地信托的成功取决于建立一套完整的服务体系并提供完善的服务内容。整个土地信托服务体系所提供的服务内容主要包括以下 3 个方面:一是土地流转前的土地使用权供求登记和信息发布。即登记汇集可流转土地的数量、区位、类别等情况,接受供求双方的咨询,多渠道、多形式向辖区内外及时发布土地储备和可开发土地资源的信息,推介可开发项目。二是土地流转中的中介协调和指导鉴证。三是土地流转后的跟踪服务和纠纷调解。即主动帮助土地经营者进行开发项目的可行性论证,积极开展信息、技术、信贷、司法等方面的综合性服务,拓宽服务领域,增加服务内容,提高服务质量。从绍兴县的实践看,土地信托服务大大加快了土地流转的步伐。"这是名牌大学与政府部门联合调研分析,具有较强的文献里程碑意义。

学者谭术魁在《从湖北农村耕地配置缺陷看土地流转中的问题》(中国国情国力,2001/09)提出:"对于'土地承包期再延长三十年不变'、'增人不增地、减人不减地'的土地二轮承包政策可能带来的农村土地配里缺陷、人地结合矛盾,众多学者坚持通过培育土地市场、鼓励农地流转能有效规避。然而,本文作者对湖北省西部十余县市农村的考察却并未得出此种结论。其中红花村四组,尽管人地结合缺陷已经带来明显的不良后果,但借助土地流转来调剂土地余缺的主张似乎没有实现的迹象。而红花村四组仅仅是广大中西部农村的一个缩影。1. 多地家庭缺乏转出土地的动力。因为转出土地获取的收益甚微而且缺乏保障,多地家庭缺乏转出土地的动力。村民普遍坚持,非亲非故不是迫不得已不要转出土地。2. 缺地家庭并不看重转入土地。转入土地必须给缺地家庭带来适当的、相对稳定的收益才能成行,至少是除去农药、化肥、种子和上缴后还有节余。然而情况并非如此。缺地家庭还有其他的选择。仅有1份耕地的万维喜在二三里以外的陡坡上开挖了3亩荒草地,每年都能获得不少粮食。事实还告诉村民,开垦荒地比转入耕地划算,因为此举既不用缴纳'两税'也不用上缴别人、受别人牵制。就这样,多地家庭、缺地家庭均打自己的小算盘,耕地易户难以成行,撂荒时有发生,即使流转成功也难维持长久。"这是与主流观点不太相同的论述,但是调研深入,实践性强,有着较大的借鉴意义。

点评:这一阶段的研究注重土地流转的合法性和正当性,有些论及土地价格和双层结构机制。有少量的区域土地流转调查报告,关于土地流转的纯法律技术问题及制度创新研究初见端倪。部分实证研究出现与主流学术结论不完全一致的研究结论。土地流转制度化的呼声出现舆论萌芽。

第二阶段从2002年到2007年,主要研究方向有土地流转的效率和模式,也有探讨土地流转中的政府责任;土地流转与农村人口流动的关系;农村土地流转的障碍因素及其解决途径被作为一个焦点进行讨论,强调制度性保障在土地流转规范化中的作用;经济学方法尤其制度经济学方法被广泛使用于土地流转的论证分析,并初步提出较完整的土地流转利益联结模型。

学者张照新在《中国农村土地流转市场发展及其方式》(中国农村经济,2002/02)提出:"第一,随着非农产业的发展和农村劳动力的大规模区域流动,农村土地流转市场已经逐步形成,但地区之间的差距比较大。同时,由于非农就业机会相对较少,土地流转市场中供给相对少于需求。第二,农户土地转让规模比较稳定,而且地区间差异不大,这表明农户流转土地仍然以提高自身劳动力的利用率、增加收入为主要目的;在规模经营方面进展不大,但土地流转毕竟为后者提供了一个发展的外部环境。第三,由于信息、交通等方面的制约,多数土地流转发生在组内。但亲属间转包和非亲属间的转包都占有相当的比例。第四,由于农村土地产权关系归属不明确以及周期性的土地调整,农户的土地转让在具体的期限和合同方面非常不规范。土地流转期限比较短,且非常不稳定,大多数转包都可以随时终止。但地区差异表明,非农产业的发展可以增加农户进入土地市场的稳定性,同时,集体的认可也对土地转让的稳定有一定的帮助。第五,由于目前大多数地区税费负担较重,导致土地纯收益(地租收益)非常低,因此,土地转让费多体现为税费负担的转移。由此,多数农户转包的主要目的并不是获取土地的规模经营收益,而是提高自身劳动力的利用率。特别是在非农就业机会较多的地区,有相当比例的土地转让费体现为税费的支付。"

学者祝志勇在《农村土地流转制度的政治经济学分析》(改革,2003/01)提出:"2002年8月19日,全国人大常委会通过的《农村土地承包法》,第一次以法律的形式赋予了农民长期稳定的土地承包经营权。把所有权配置给乡村集体,承包权、经营权、收益权、部分处置权配置给农户家庭。农民对土地拥有了接近法律意义的所有权。具体来说包括四方面的权益:(1)农民有对承包土地的排他控制权;(2)农民有自主经营权;(3)农民有剩余产品的分配权;(4)农民有部分土地处置权。土地流转就是农民有部分土地处置权的内容之一,土地流转制度试图使土地增值和保障功能有机结合在一项制度安排中,土地增值功能通过土地流转方式,使土地资本、技术、知识、信息等生产要素有机结合,提高资源配置效率;保障功能则由土地集体所有制去实现。土地流转制度潜在的利润源在哪里?在相关主体之间利益博弈中,潜在利益转化现实的制度绩效有多大的可行性?最后,作者认为:农村土地流转制度潜在利润转化为现实,关键是政府必须是有限有效的政府,农户家庭有自主选择的自由。"

学者管清友、王亚峰在《制度、利益与谈判能力:农村土地"流转"的政治经济学》(上海经济研究,2003/01)提出:"当前,我国农村问题的核心仍然是土地问题。由于土地占有关系与农村基层政治治理格局存在着密切的逻辑联系,经济地租成为基层组织经济权力的实现形式,是土地所有者必然的一种寻租行为。在土地流转的实际操作中,地方既得利益集团既然不能用直接手段反对或者拒绝,那么采用热农地'流转'冷界定土地权利,或者是先流转后界定权利就成了维护自身局部短期利益的主要手段。农地制度改革不仅仅难在是利益之争,关键是在既得利益集团的强烈反时下，而又要依靠这些既得利益集团来实现这种制度变迁。因此，农村土地制度变迁如果要实现显著的效率优化，就必然要求有外来的强大的权利资源对制度变迁的目标和过程予以引导，中央政府应充当这一主体，从农民整体、农业发展和国民经济的整体目标来考虑制度变迁的方向和路径。要建立有效率的符合大多数农民利益的土地财产制度，必须要考虑到现存乡村权势的反对，必须要用国家政权特别是法律的力量来限制这些阶层。特别是在我国加入 WTO 的背景之下，国外大资本堂而皇之的登堂入室，并与本土的新权贵们结合在一起，形成所谓'新权贵资本主义'，这足以令中国的民间资本望尘莫及。因权势而有钱财，比因钱财而有权势更为危险得多。无论何时，我们始终不能不警惕权贵资本家的悄然登台。"

学者曹建华、王红英、黄小梅在《农村土地流转的供求意愿及其流转效率的评价研究》(中国土地科学，2007/05）提出："农业土地的流转受到许多因素的影响，其中一个关键因素要取决于土地供求双方的农户决策行为。农村土地流转中作为供给方农户的土地流转意愿可以通过土地流转意愿度指标评价。该指标的设置是以从事非农的和农业的生产经营活动所获得的相对利益和承担的相对风险比较为基础的。利用该指标对中部 6 省的分析表明，目前整体上的农户土地流转意愿很低，减免农业税和粮食补贴降低了农户土地流转意愿，提高了从事农业生产经营活动的积极性。土地流转租金提高会增加农户的土地流转意愿度。农村土地流转中作为需求方农户的土地需求意愿，通过需求方农户在土地流转前后不同经营规模所获得的收益和承担的风险比较来分析，在现有的技术装备条件下，中部 6 省的实际土地经营规模小于最适土地经营规模，显然从整体上看需求方农户对扩大土地规模具有需求意愿。本文引用农地供求理论模型，结合中部 6 省的情况在做出相关的假定条件下，对土地流转所带来的供给方农户和需求方农户的福利进行了估算。结果表明，通过土地流转交易，土地资源和劳动力资源得到重新配置，土地供给者和土地需求者的福利，以及经济效益都得以提高。需要认识的是，土地流转的有效性取决于土地流转制度的规范和严格执行，以及土地交易市场机制的有效运转。这一条件得不到满足，极高的土地流转交易费用将阻碍土地流转,土地流转的规模也将受到极大的限制。"

在第二阶段的最后,出现土地流转的综述性论文。学者詹和平在《农村土地流转问题实证研究综述》(安徽农业科学,2007/24)提出:"实行家庭联产承包责任制以来,土地使用权流转已是一个普遍现象。特别是20世纪90年代中期以来,随着经济的快速发展,大量农村劳动力转向第二、三产业,农村土地流转的速度和规模呈加速发展的趋势;在农地流转的动因研究中,众多研究者主要从非农就业、国家法律和政策、农户自身禀赋及特征这3个角度对中国的农村土地流转进行了实证分析。但是,有关农业税的减免,《农村土地承包法》的实施对农地流转、农业投资的影响如何,目前经验研究还没有,有待进一步实证分析。在农地流转的限制因素中,研究者主要从非农就业限制、土地调整及中介服务组织缺乏这3个方面对农地流转进行了实证分析,虽然理论界普遍认为,农村社会保障机制缺位,农地实质上承担着农村的社会保障功能,从而制约了农村土地流转。

市场有发展但是必须看到,土地的社会保障功能会随着农民非农收入的提高而减弱。目前农地在多大程度上承担着这种社会保障功能,农地的这种功能对农地流转市场发展的影响程度又是如何,到现在为止还没有相关的实证分析,有待进一步研究。农地流转对农业产出的影响,不同的研究者根据不同的样本数据得出了两种相反的结论,目前还没有统一的观点。随着我国农地流转市场的不断发展和完善,农地流转对农业产出的影响还有待进一步的实证研究。"该篇土地流转的综述性论文是对当时诸多论述的极好的概括和总结。

点评:这一阶段的研究数量急剧增多,经济学角度和法学角度的研究从广度到深度都有较大推进,实证调研急剧增多,应该与党的十六大报告"积极推进农业产业化经营"的指导正相关。

第三阶段从2008年开始至今,其最显著的特点是:开始以农民的基本权利为视角进行专门性研究,侧重土地流转中的农民权益保障研究;开始出现大量外国土地制度的对比研究;土地经营权物权化以制约行政权的理论模型已经较为全面;较多文献基于原有理论或实证成果建立,也有文献将研究重点转向资源优化配置方向;作为制度形成类型研究,除股份制合作等流转形式继续深化外,还呈现出与新农村建设结合，加强金融配套制度建设等特点；少量国外土地制度比较研究；也开始出现述评类的总结著述，典型如张会萍的《农村土地流转问题研究综述》（载《宁夏社会科学》2011 年 3 期），刘艳的《农村土地流转中的产权制度法律化问题探讨》（载《中国土地科学》2014 年 11 期）。凌斌的《土地流转的中国模式：组织基础与运行机制》（载《法学研究》2014 年 06 期）。

学者黄祖辉、王朋在《农村土地流转：现状、问题及对策——兼论土地流转对现代农业发展的影响》[浙江大学学报（人文社会科学版），2008/02]提出："在建设新农村和发展现代农业的时代背景下，农村土地流转问题一直受到社会各界的广泛关注。来自浙江省 56 个行政村（社区）和 320 个农户的调查数据和资料显示：经济比较发达的农村地区已经呈现出了土地流转方式的多元化、土地流转过程的市场化、土地流转工作的规范化、土地流转价格的合理化等新特点。然而，虚化的利益主体、分散的流转形式、无序的中介服务组织以及落后的社会保障体系等影响土地流转的一系列问题，已经越来越难以适应现代农业市场化、规模化、信息化以及调动经营主体积极性等方面的发展要求。因此，必须以农村土地"三权分离"的现状为出发点，在完善土地产权关系、土地治权结构以及土地流转中介服务组织的基础上，建立一个高效、有序的土地流转模式：散户→中介服务组织→大户。我国农村土地在生产、经营等方面的私人利益属性与资源、政治等方面的公共利益属性，要求必须建立一个土地国家宏观调控与土地微观市场化运作相结合的土地流转机制。换言之，就是要在现有的"三权分离"现状和与此相适应的土地治权结构下，充分发挥市场机制在土地流转中的作用。因此，需要进一步完善中介服务组织，形成'土地流出→中介服务组织→土地流入'的土地流转机制。建立一个组织健全、运作高效、服务周全的土地流转中介体系与服务网络，为土地流转的供求双方提供交易信息，实现土地流转从'散户→散户'的分散性自发流转向'散户→中介服务组织→大户'的有序化、市场化、组织化流转的转变，为土地的规模经营提供快速、高效的土地流转与聚集机制。"

学者刘涛、曲福田、金晶、石晓平在《土地细碎化、土地流转对农户土地利用效率的影响》（资源科学，2008/10）提出："尽管中国实行了世界上最严格的耕地保护制度,但耕地数量仍不断减少,并将在今后一段时间内呈减少趋势,在一定程度上威胁了我国的粮食安全。提高土地利用效率是保障我国粮食安全的一条重要途径。本文选取耕地复种指数和土地综合产出率两个指标来表示农户土地利用效率,利用江苏省南京市274个农户的实地调查数据,运用多元线性回归模型对土地细碎化、农地流转对农户土地利用效率的影响进行了实证研究。模型估算结果表明:土地细碎化导致农户复种指数的下降,并阻碍了平均土地综合产出率的提高;转出土地的农户的复种指数和平均土地综合产出率要低于没有转出土地的农户,而转入土地农户的平均土地综合产出率要高于没有转入土地的农户。因此,建议通过推进土地流转来提高土地利用效率。"

学者许恒周、郭忠兴在《农村土地流转影响因素的理论与实证研究——基于农民阶层分化与产权偏好的视角》(中国人口·资源与环境,2011/03)提出:"随着我国经济的发展和社会转型,农民群体逐渐分化为不同职业的农民阶层,出于职业选择的不同以及生活环境的变化,农民在经济收入、产权偏好等方面都出现了巨大的差异,这导致他们对土地流转意愿与决策行为的选择也出现分化。因此,研究由于农民职业分化导致的产权偏好不同及对土地流转的影响,就具有重要现实意义。研究结果表明:文化程度、职业类别、非农收入比重、是否具有非农就业技能、是否拥有转让权、地权稳定性、地区虚拟变量对土地流转有正向影响,年龄则对土地流转有负向影响,而农业劳动力人数、土地的养老保障作用和是否具有抵押权则对土地流转决策没有显著影响。基于上述研究结论,本文提出了应强化土地产权、完善产权结构、大力发展非农产业和提供非农就业机会、提高农村劳动力职业技术素质、逐步建立和完善农村社会保障体系等政策建议。"

学者韩松在《新农村建设中土地流转的现实问题及其对策》(中国法学,2012/01)提出:"新农村建设中的农地流转和土地利用,要尊重农民的权利和意愿,在农地流转中要节制资本,将资本下乡和合作社限定在为农民和农业生产服务的领域内,防止资本对农民土地的兼并导致农民失业破产。应当采取严格的问责制度和严厉的责任追究制,以制止地方政府权力对农民权益的侵害。同时要建立完善其他法律制度,允许集体建设用地使用权直接入市,改革城乡建设用地挂钩的政策,建立耕地复垦和耕地保护补偿制度。在此基础上，完善关于农民房屋转让的规定，允许房屋所有人与本集体共同对房屋和宅基作出处分，包括向城市人出卖房屋和宅基地，由集体取得建设用地（宅基地）的出让价值，由房屋所有人取得房屋的市场交换价值。”

学者闫小欢、霍学喜在《农民就业、农村社会保障和土地流转——基于河南省479个农户调查的分析》（农业技术经济，2013/07）提出：“在对农村土地流转理论模型的创新性推演的基础上，本文运用Tobit模型对农民非农就业、农村社会保障与土地流转的关系进行了实证分析。结果表明，农民工的出现将会延伸和深化产业链条，解放出被土地束缚的大量农村劳动力，使得土地流转成为可能；在不完全劳动力市场下，农民工就业机会和农村社会保障决定农村土地流转，土地提供了农户最大化使用家庭劳动力的机会；农户的土地流出程度与其劳动力非农就业及地权稳定性成正比；土地的社会保障功能使得依赖于土地的农户更愿意转入土地从事专业化农业生产。农村土地流转面临着很大的制约和困难，最主要的就是农村土地的社保功能难以和土地的生产功能相剥离。”

学者张忠明、钱文荣在《不同兼业程度下的农户土地流转意愿研究——基于浙江的调查与实证》（农业经济问题，2014/03）提出：“运用有序多分类Logistic回归分析法对不同兼业程度农户的土地流转意愿及其影响因素予以实证分析。结果表明，不同兼业程度农户土地流转意愿存在显著差异，纯农户流入意愿和非农收入较高的农户流出意愿相对较强；户主年龄和社会养老保险是影响兼业农户土地流转意愿的决定性因素，其并没有因兼业水平不同而表现差异；农业生产服务体系在一定程度上降低了兼业农户土地流转意愿，但不同兼业程度农户注重的服务项目有所差异；家庭土地经营规模和被雇务农收入对纯农户流转意愿具有一定影响，而兼业用工量所占比重则对非农收入中等的农户意愿影响显著；影响二兼农户流转意愿的因素相对较多，主要包括婚姻、农用固定资产存量、年生活开销、土地流转制度规定及被雇务农收入。”

学者黄祖辉、王建英、陈志钢在《非农就业、土地流转与土地细碎化对稻农技术效率的影响》（中国农村经济，2014/11）提出：“土地租赁市场发展迅速、劳动力流转频繁和农业机械化率大幅上升对农业生产具有重要影响。基于江西省2011年325户稻农783个水稻地块的投入产出微观数据，运用一步随机前沿分析方法，考察了稻农土地流转市场参与、地块来源（租入或集体分配）、非农就业程度、土地细碎化状态对稻农籼稻生产技术效率的影响。研究发现：被调查区域稻农全年籼稻生产的技术效率值在0.613和0.997之间，平均技术效率值为0.973；实际耕种面积在2公顷以上的稻农的平均技术效率显著较高；发生土地流转的稻农的技术效率高于未发生土地流转的稻农，但对发生土地流转的稻农而言，其集体分配地块与租入地块的技术效率无显著差异；非农就业机会对稻农技术效率有显著的正向影响；稻农土地细碎化程度越高，其技术效率越低。”

学者陈浩天在《农户土地流转需求意愿的假设证伪与模型建构——基于全国20省236村2998个农户的实证调查》（干旱区资源与环境，2015/10）提出：“依托全国20省236村2998个农户的调查数据，基于所处区域、个体特征、家庭收入类型、权益保障四个假设，运用Logistic多元线性回归分析，建构影响农民土地流转需求意愿的离散变量模型。研究结果表明：农民所处区域、个体特征和家庭收入类型以及权益保障等因素可以对农民土地流转意愿提供假设证伪。具体而言，东部地区农民土地流转意愿强于中部和西部；年龄层相对较小，文化程度相对较低农民的土地流转意愿较强；农民土地处置权保障度在模型中的系数最高，其对农民土地流转意愿影响最大。因此，农民土地流转模式不能搞‘一刀切’，政府要尽快厘定农地流转交易主体的产权边界，建构农民社会保障与土地流转的协同机制。”

学者郝丽丽、吴箐、王昭、王伟在《基于产权视角的快速城镇化地区农村土地流转模式及其效益研究——以湖北省熊口镇为例》（地理科学进展，2015/01）提出：“快速城镇化地区面临建设用地扩张和耕地资源保护的矛盾，农村土地流转已成为农业规模化、产业化和集约化发展、解决当前快速城镇化地区用地矛盾的重要举措。但由于土地权属不清、土地功能发生转变、流转各方利益冲突与保障措施等问题未能得到有效解决，土地流转推进受到阻碍。运用产权理论，以快速城镇化地区湖北省潜江市熊口镇为研究对象，通过访谈、问卷调查等方式研究不同土地流转模式中土地性质、运作机制、产权关系、流转收益变化等，并运用主成分分析法对问卷进行统计分析，定量评价土地流转各方满意度及满意要素需求。研究表明：熊口镇现存的4种土地流转模式中，'农户＋政府＋企业'模式由于流转规模大、推进速度快、各方收益得到保障等而成为比较容易接受的流转模式；满意度评价中，涉及农户流转满意要素重要性远远高于政府与企业的满意要素，但其满意度均比较低；在总共15个要素中，农户对土地流转的整体评价、企业对土地流转中风险控制、土地流转对地方经济带动等因素获得满意度最高。”

学者付江涛、纪月清、胡浩在《新一轮承包地确权登记颁证是否促进了农户的土地流转——来自江苏省3县（市、区）的经验证据》（南京农业大学学报（社会科学版），2016/01）提出：“在对江苏省3县（市、区）实地调查的基础上，通过构建Probit模型和Tobit模型，实证测度了新一轮农村承包地确权登记颁证对农村土地流转的影响。结果表明，从农户转出土地来看，农村承包土地确权登记颁证能够显著促进农地流转；从农户转入土地来看，估计结果显示农地是否确权登记颁证这一政策变量的影响并不显著。两者的差异反映了随着确权政策的实施，农村机动地减少或农户承包地正流向外来种植大户、合作社与企业等新型经营主体的事实。”

学者徐美银在《农民工市民化与农村土地流转的互动关系研究》（社会科学，2016/01）提出：“农民工市民化与农村土地流转之间存在着持续的互动关系。一方面，农民工市民化对农村土地流转提出了迫切需求；另一方面，农村土地流转为农民工市民化提供了必要的资本支持。其中，新型城镇化是推进农民工市民化和农村土地流转的最大动力；农业人口有序转移与农村土地资源优化配置则是两个重要的运行机制。农民工市民化进程中的农村土地流转存在一些问题，主要表现为'人口城镇化'与'土地城镇化'不协调、农村土地流转收益不能满足农民工市民化的要求、一些地区的土地制度改革违背了农民的意愿。需要以新型城镇化为动力，推进'人口城镇化'与'土地城镇化'协调发展；以农村土地确权登记颁证为基础，赋予农民更多的土地产权权能，为农民工市民化提供更大的资本支持；改革现行土地征收制度，合理分配农地转用过程中的增值收益。”

学者于水、丁文在《土地流转纠纷的治理:从“碎片化”到“整体性”——基于江苏SY县的田野调查》[华中科技大学学报(社会科学版),2016/01]提出:“分利秩序‘非均衡化’的土地流转行动诱发一系列土地纠纷问题,其治理依据、治理主体和治理机制呈现‘碎片化’的形态。研究发现,中央层面的法制依据与政策导向的局限、地方层面的行为扭曲和民众层面的冷漠投机共同引致土地流转纠纷治理的现实困境。由此,基于对整体性治理理论基本思想的诠释,可通过法律政策统一的司法调解模式,塑造民众与政府的合作治理平台以及构建长效联动的治理机制,界定各主体的行为边界,探析治理纠纷的‘整体性’路径选择,实现中央、地方与民众的合作共治,以期为走出土地流转纠纷治理的‘碎片化’困境提供创新的治理之道。”

学者李俊高、李俊松在《新一轮的农村土地流转:理论争论、实践困境与机制创新》(农村经济,2016/01)提出:“新一轮的土地流转与20世纪80年代中后期自发形成的土地流转有诸多不同,更多的是在国家实施城乡统筹大背景下农业增效、农民增收、国家粮食安全保障根本诉求驱动下农村土地合理利用、农业适度规模化、现代化发展的客观要求使然。目前土地流转的进一步发展受到理论争论和实践困境的牵制。理论争论集中在土地确权、流转的模式两个方面,而实践中各主体矛盾集中体现在农户与政府、农户与新型农业经营主体、农户与集体经济组织之间的博弈。推进土地流转的进一步发展亟待土地流转机制创新。”

点评:这一阶段的研究明显体现“关注民生”的特点,研究中的农民利益保障问题被重点凸显;调查报告等实证研究方式较多使用,理论研究也进一步深入。部分问题已经解决,如土地经营权的法律定性,但仍有已经提出但尚未解决的新问题;如对策性研究中的农民权益保障制度构建,也有需要提出的新问题;如本课题研究的土地使用权流转绩效的法学方法评价问题。

(二)土地流转现象背后的规律性研究尚显不足,土地流转的效果及其评价体系的构建还有待探讨

其一,政府在土地流转宏观调控中的干预路径与干预程度选择,土地流转如何与现有的农村社会保障制度协同改革,土地流转中的利益向量评估等研究,目

前较多停留在描述性分析，尚未进一步探求其背后的规律性决定因素。

其二，针对土地流转效果的评价研究，现有研究大多是运用经济学分析方法针对一个区域从某一角度进行评价，而缺乏一种法学的评价方法。即在构建一种新的指标评价体系的基础上，针对一个区域的土地流转模式，在经济社会的宏观层面和农户家庭的微观层面全方位进行效果评价。通过规则的有效性对土地流转制度和模式进行评价的理论和方法，目前都还有待探讨。

二、本课题研究的基本思路和方法

(一)基本思路

首先，对兵团土地制度史进行梳理，这是基础性的资料整理工作。再结合国外土地制度比较研究，共同引申出通用的共性性质的用法律妥善规范土地流转的原则与规则。

其次，通过对兵团职工和农户的需求与满意度调查的实证调研，对兵团土地流转已取得的经验和存在的现实问题充分思考归纳。结合兵团现行土地政策对于现行各种土地流转模式的制度性影响进行实证调研并进行分析，适度考虑土地金融组织、土地中介组织等中间环节对土地流转的影响。此时，已经能够较大程度总结兵团土地流转的现实问题。

最后，基于前述成果，力争构建新的土地流转效果法学评价体系，同时提出科学可行的发展和完善兵团土地流转的法律对策。

(二)研究方法

首先是调查研究方法。资深教授主持实地调研，依托塔里木大学周围团场政研室的大力帮助，收集实证资料，再由实践回到理论，由本课题组各位塔里木大学教师邀约行内人士合议研究分析，力争作出开创性结论。

其次是文献分析法。通过文献资料研究，了解土地所有权与使用权分离等普遍问题；以及区域土地产业化规模经营的影响因素及形成过程；辅助金融机制与信用体系构建；流转过程监管及农民利益保障；在土地流转中统筹城乡关系，及政府职能与责任重塑；耕地保护和资源优化配置探讨；以及股份制改造、中介组织模式研究以及土地流转的制度改革创新。

再次是对比研究方法。通过兵团土地制度史梳理,力图借古鉴今。检视新疆生产建设兵团的屯垦戍边建设史可见,新疆兵团的土地制度至今仍旧有待实现向现代化的完全转型。梳理新疆生产建设兵团土地制度的变迁历史,能够为兵团土地制度的现代转型和土地制度开拓创新提供较为有益和必要的理论辅助。同时,外借土地制度的分析与借鉴,作出法律移植的建议性的选择。本课题主要通过对美国、英国、法国、日本4个国家的土地流转的比较研究,试图概括土地流转对于以上国家农业现代化的积极影响。以批判借鉴的态度,资以为本课题研究提供方法视角。

最后,由涉及土地流转的司法裁判的形势反推土地制度设计的方法,力图制度的设计和建议,能够起到从制度源头定纷止争的目的。

三、本课题的主要观点和研究意义

(一)主要观点

(1)农村土地流转是实现土地优化配置必不可少的一环。农村土地流转,要注重保障农民的权利。

(2)在农地流转中要节制资本,应将资本下乡尽量限定在为农民和农业生产服务的领域内,防止资本对农民土地的兼并导致农民失业破产,引发更多社会问题。

(3)随着土地承包经营权流转明显加快,需要鼓励有条件的地方发展土地流转中介服务组织,为规范土地流转提供完善的服务。

(4)新疆兵团的土地制度运行中的行政性十分强烈,统一购买种子,统一购买农资,农产品以兵团定价统一收购。这种行政命令结构在过去有很大优点和保障作用,但在当代已经显现出与兵团农户自由耕种和自由出售农产品的意愿的较大冲突,甚至滋生了倒卖农产品主要是棉花的阶层。未来新疆兵团当局会有新的土地制度顶层设计,较好地协调解决与市场一致。

(5)新疆兵团可以在批判借鉴美国土地流转市场规则的基础上,努力建设更大程度的土地流转法治化与市场化。其中,土地流转法治化的基础,就是土地利益权利化和土地权利制度化。简而言之,就是兵团土地首先应当确权。

(6)新疆兵团研究土地流转公共决策时,应当兼顾公共利益和尽量多的各相关利益方的利益。新疆兵团土地流转中应优先考虑团场和农户的公共利益。在公共决策中注重民主参与,而民主参与的关键是财产权原则与身份原则的有机统一,即无地的本地团场农户也有参与决策发言权。公权力只有效监督民间土地流转,不参与民间土地流转决策。

(7)新疆兵团团场的农地承包合同,兼有土地合同和劳动合同的双重属性。可以淡化劳动合同属性,强化土地合同属性;淡化土地资产性作用,强化农地生产性作用。这样改革必然更有利于为新疆兵团的农业现代化和农业规模经营提供制度支撑。

(8)对于众多土地流转模式,需要构建科学的评价体系来考评土地流转的绩效等问题,从而有助于作出更优的土地流转模式选择。

(二)研究意义

土地作为一种宝贵的资源和生产要素,只有通过合理流动和优化配置才能实现其作为资源和资产双重价值的效益。兵团土地制度现代化是兵团农业现代化的基础载体。梳理兵团土地制度史,再结合国外土地制度比较研究,再进行土地流转实地调研,本身就有学术意义。

本课题对兵团土地使用权流转的研究,有利于解决农村人口流动引发的土地优化需求与人地矛盾,有利于为耕地适度规模经营提供有力的保障,有效改善土地资源配置的效率,实现土地资源优化配置;有利于促进农业产业结构调整,促进兵团实现农业规模化、集约化、高效化经营,有利于激活农村剩余劳动力大量向城镇转移;同时在流转过程中保障农户合法权益,从而有利于兵团社会稳定和经济发展。

(三)完成本课题研究的时间保证、资料设备等科研条件

本课题负责人为大学专职教师,教学任务较少,有充裕的科研时间,特别是还有一些到新疆各地考察和学习的机会,有利于实地考察新疆的实际情况和搜集课

题相关资料。课题参与人有4人为大学专职教师,研究时间相对较多;1人为新疆阿拉尔市国土局干部,具有搜集资料的便利条件;1人为政法干部,不仅具备从事科研的时间保障,而且可以充分发挥高校与地方科研人员合作研究的优势。

塔里木大学是教育部批准的首批具有学士学位授予权的本科院校,学校图书馆藏书近104万册,各类期刊1200多种;学校开通了"中国期刊全文数据库"等网络电子资源库;学院收藏了大量的新疆维吾尔自治区及地方各类年鉴及统计资料;兰州大学西北少数民族研究中心、浙江大学非传统安全与世界和平发展研究中心对口支援我校,建立了人文社科研究所;学院上下重视科研,具有开展科研活动的浓厚氛围和资料设备等方面的便利条件。

在本课题资料搜集方面,课题组成员已经购买了部分相关书籍,下载整理了大量研究论文。更重要的是,近年来课题组成员利用自身所处的地域优势,在新疆各地建立了一些调研基地,前期进行了广泛的田野调查,掌握了大量的史料和第一手调研材料,因此课题组有信心完成好本课题研究。

课题负责人所在单位近年来加大了哲学社会科学研究的支持力度,建立了一系列科研激励机制,使科研工作在政策、资金和时间上都有充分的保障和后盾。此外,塔里木大学哲学社会科学研究还得到新疆兵团哲学社会科学规划办、新疆维吾尔自治区哲学社会科学规划办等上级部门的大力支持和指导,因而科研基础条件和政策条件较为完备。

四、本课题创新点与可能存在的不足

本课题在研究中,着重试图在微观层面,从争议出现的源头解决兵团土地流转纠纷,也即从司法裁判的立场通过预判定纷止争,通俗说就是试图站在法院的角度看待土地流转问题。这勉强算是本课题在研究立场或者视角的不算创新的创新点吧。

另外一点创新,是课题组提出为实现土地流转市场化而构建多层面的土地拟制价格。课题组认为,可以采用政府定价、市场定价和合同约定价格三个层面的土地价格并行的土地市场运行方式。政府定价,这实际上是偏离市价的拟制价格,其与市场价的差额就是土地出让金,是现行各地方政府的重要财源,一时难以偏废。市场定价,这是理想化的价格,相对更真实,但只能逐步在有条件的地方实行。合同约定价格则是民间私人主体之间流转土地的重要价格。根据我国现行法律,土地承包经营权一般不能被法院执行。只要在土地入股或者抵押合同中约定价格,该约定价格即可作为法院执行的依据。如此,这个障碍性的法律缺陷即可得到极大弥补。

本课题研究和调研十分匆忙,因此不足之处实在比比皆是。例如理论调研主要基于中国知网的论文检索和兵团历年年鉴。实证调研中遇到碰壁太多,最终局限于调查问卷分析。调查问卷的设计,初期努力采用心理学方法,准备采用声东击西方法进行间接统计,最后因为担忧缺乏科学性而采用普通问卷调查分析方法。限于课题组水平导致的研究方法和研究水平的拙劣部分,恳请诸位尊敬的评委专家和读者宽容。

第二章

新疆兵团土地法律制度史梳理

屯垦戍边是中国几千年开发和保卫边疆的历史遗产。中央政府在西域新疆大规模屯垦戍边始于2000多年前的西汉,以后历代沿袭。1949年新疆和平解放,1954年中央政府决定在新疆成立生产建设兵团。这是符合中国国情和新疆实际的战略举措,也是历史经验在新的历史条件下的继承和发展。60年来,新疆生产建设兵团白手起家,艰苦奋斗,忠实履行着国家赋予的屯垦戍边的光荣使命。广大兵团军垦职工栉风沐雨,扎根边疆,同当地各族人民一道,把亘古戈壁荒漠改造成生态绿洲,开创了新疆现代化事业、建成了规模化大农业、兴办大型工矿企业,建起了一座座新型城镇,充分发挥了生产队、工作队、战斗队的作用。兵团为推动新疆发展、增进民族团结、维护社会稳定、巩固国家边防作出了不可磨灭的历史贡献。

新疆地处中国西北边陲。新疆生产建设兵团是在特殊的地理、历史背景下成立的。1949年新疆和平解放时,当地经济是以农牧业为主体的自然经济,生产力水平低下,生产方式落后,发展处于停滞状态,人民生活贫苦不堪。为巩固边防、加快发展,减轻新疆当地政府和各族人民的经济负担,1950年1月,驻新疆人民解放军将主要力量投入到生产建设之中,当年实现粮食大部分自给、食油蔬菜全部自给。1953年,新疆军区将所属部队整编为国防部队和生产部队两个部分,其中生产部队建有军垦农牧团场43个,拥有耕地77.26千公顷。同时还兴办工业、交通、建筑、商业企业和科技、教育、文化、卫生等事业单位,为之后组建生产建设兵团奠定了基础。1954年10月,中央政府命令驻新疆人民解放军第二、第六军大部,第五军大部,第二十二兵团全部,集体就地转业,脱离国防部队序列,组建“中国人民解放军新疆军区生产建设兵团”,接受新疆军区和中共中央新疆分局双重领导,其使命是劳武结合、屯垦戍边。兵团由此开始正规化国营农牧团场的建设,由原军队自给性生产转为企业化生产,并正式纳入国家计划。当时,兵团总人口17.55万。此后,全国各地大批优秀青壮年、复转军人、知识分子、科技人员加入兵团行列,投身新疆建设。从1956年5月起,兵团受国家农垦部和新疆维吾尔自治区双重领导。1962年,新疆伊犁、塔城地区先后发生了边民越境事件。根据国家部署,兵团调遣了1.7万余名干部、职工奔赴当地维护社会治安,施行代耕、代牧、代管,并迅速在新疆伊犁、塔城、阿勒泰、哈密地区和博尔塔拉蒙古自治州等长达2000多千米的边境沿线建立了纵深10千米到30千米的边境团场带。这对于稳定新疆、维护国家边防安全发挥了不可替代的重要作用,改善了国家西北边防的战略态势。到1966年底,兵团总人口达到148.54万,拥有农牧团场158个。“文化大革命”(1966~1976年)期间,兵团屯垦戍边事业受到严重破坏。1975年3月,兵团建制被撤销,成立新疆维吾尔自治区农垦总局,主管全疆国营农牧团场的业务工作。1981年12月,中央政府决定恢复兵团建制,名称由原有的“中国人民解放军新疆军区生产建设兵团”改为“新疆生产建设兵团”,兵团开始了二次创业。30多年时间里,兵团对国有农牧场进行了大包干责任制、兴办职工家庭农场、企业承包经营责任制、发展多种经济成分等方面的改革,兴办工业,建设城镇,兵团的屯垦戍边事业不断迈向新的阶段。

60年来,兵团以屯垦戍边为使命,遵循“不与民争利”的原则,在天山南北的戈壁荒漠和人烟稀少、环境恶劣的边境沿线,开荒造田,建成了一个个农牧团场,逐步建立起涵盖食品加工、轻工纺织、钢铁、煤炭、建材、电力、化工、机械等门类的工业体系,教育、科技、文化、卫生等各项社会事业取得长足发展。截至2013年底,兵团下辖14个师,176个团,辖区面积7.06万平方千米,耕地1244.77千公顷;总人口270.14万,占新疆总人口的11.9%。

屯垦戍边在中国历代王朝都是守卫和开发边疆、巩固边防的重要国策。中华人民共和国成立后,为稳定边疆和促进就业,1954年10月,时驻新疆的中国人民解放军奉中央人民政府命令，成立“中国人民解放军新疆军区生产建设兵团”，自那时起，新疆的建设部队从国防部队脱离开，由全军屯垦转变为建设兵团专业屯垦。新疆生产建设兵团全体将士集体转业，铸剑为犁，开始了新中国在新疆的军垦伟业。“兵团成立之初，党政和生产分别受中共中央新疆分局、新疆军区和新疆维吾尔自治区领导”。兵团组织形式为“沿用军队建制，党政军企合一”。后迅速由供给制转为工资制，稳定了人心，也完成了从正规军向国有企业的转型。自成立始，土地和土地制度就是新疆兵团完成屯垦戍边使命的立足之本。时至今日，新疆生产建设兵团已经是沃野千里，良田万顷，沟渠星罗棋布，农业装备精良，并朝着兵团城镇化和农业产业化挺进，屯垦戍边的神圣使命有杰出的履行。检视新疆生产建设兵团的屯垦戍边建设史可见，新疆兵团的土地制度至今仍旧有待实现向现代化的完全转型。梳理新疆生产建设兵团土地制度的变迁历史，能够为兵团土地制度的现代转型和土地制度开拓创新提供较为有益和必要的理论辅助。

一、兵团初创时期土地制度（1954～1975 年）

1949 年新疆和平解放时，当地经济是以农牧业为主体的自然经济，生产力水平低下，生产方式落后，发展处于停滞状态，人民生活贫苦不堪。为巩固边防、加快发展，减轻新疆当地政府和各族人民的经济负担，1949 年 12 月 5 日中央人民政府人民革命军事委员会发布《关于 1950 年军队参加生产建设工作的指示》指出：人民解放战争已在全国范围内取得基本的胜利。人民解放军除在几个战线上必须专心致志追歼残敌以竟全功外，已有大量军队进入整训，或不久即将进入整训。人民政治协商会议共同纲领中规定：“中华人民共和国的军队，在和平时期，在不妨碍军事任务的条件下，应有计划地参加农业和工业的生产，帮助国家的建设工作。”这里给了我人民军队除了保卫国防、巩固治安和加强整训这些伟大任务以外的一个光荣而巨大的任务。因此，人民革命军事委员会号召全军，除继续作战和服勤务者而外，应当负担一部分生产任务，使人民解放军不仅是一支国防军，而且是一支生产军，借以协同全国人民克服长期战争所遗留下来的困难，加速新民主主义的经济建设。这一生产任务是必须而且可能实现的。

1950 年 1 月，驻新疆人民解放军将主要力量投入到生产建设之中，当年实现粮食大部分自给、食油蔬菜全部自给。1952 年 2 月，中央军委主席毛泽东发布部队整编命令。1953 年 5 月新疆军区根据中央军委和西北军区命令，将驻新疆部队分别整编为国防军和生产军。二、六、五军大部和二十二兵团全部编入生产部队，分别整编为 10 个农业师、1 个建筑工程师、1 个建筑工程处、1 个运输处，共约 10.55 万人，担负屯垦成边任务。1953 年，新疆军区将所属部队整编为国防部队和生产部队两个部分，其中生产部队建有军垦农牧团场 43 个，拥有耕地 77.26 千公顷。同时还兴办工业、交通、建筑、商业企业和科技、教育、文化、卫生等事业单位，为之后组建生产建设兵团奠定了基础。

1954 年 10 月，中央政府命令驻新疆人民解放军第二、第六军大部，第五军大部，第二十二兵团全部，集体就地转业，脱离国防部队序列，组建“中国人民解放军新疆军区生产建设兵团”，接受新疆军区和中共中央新疆分局双重领导，其使命是劳武结合、屯垦戍边。当时“新疆军区生产建设兵团”下辖 10 个农业建设师，2 个生产管理处，1 个建筑工程师，1 个建筑工程处及一些直属单位，总人口 17.5 万人，官兵 10.55 万人。有农牧团场 43 个，耕地 7.73 万公顷，当年粮食总产 7184.4 万千克，棉花总产 188.96 万千克，工农业总产值 8856 万元。兵团由此开始正规化国营农牧团场的建设，由原军队自给性生产转为企业化生产，并正式纳入国家计划。此后，全国各地大批优秀青壮年、复转军人、知识分子、科技人员加入兵团行列，投身新疆建设。从 1956 年 5 月起，兵团受国家农垦部和新疆维吾尔自治区双重领导。

成立之初，新疆生产建设兵团迅速经历了添丁和改制。大量内地退役军人、支边人员和知识青年等加入新疆兵团，兵团队伍迅速壮大，使新疆汉族人口比例有史以来第一次质变。兵团原辖下在新中国成立后为了自给受命建成的军垦农场也改制成为国营农场。兵团人测绘土地、调整人口，植树造林，将小片土地相连在一起组建大型农场。兴犁垦荒和兴修水利，垦区面积迅速扩大，所辖人口迅速增多，各项农业成就斐然。由于国务院以行政法规方式确认国营农场土地归国家所有，因此自这一阶段起始“兵团土地使用权归国营农场所有，经营权由国家统一支配”，即新疆生产建设兵团垦区的一切土地归国家所有，国家同时拥有兵团垦区所有土地的所有权和使用权及经营权，新疆生产建设兵团系代表国家行使所辖垦区的国有土地的使用权和经营权。

兵团成立初期的土地制度主要限于土地所有权制度，但也已经符合了当时国家政治需要和社会发展趋势。其实际结果是农业振兴，边疆安稳。当时土地规划、土地用途管制、土地整理、耕地保护等制度尚未建立，兵团战士尚不知“承包”为何物，土地流转为国家禁止，与农地伴生的农村社会保障制度更是无从说起，好在干好干坏一个样等后来显现的弊端在当时被建设国家的激情燃烧的情绪化淹没。除了后来在“文革”期间发展停滞甚至倒退，兵团初创时期的土地制度和经营模式，其中集一代人边疆拓荒的做法，足以载入史册，值得后来借鉴。

二、兵团恢复初期土地制度（1982～1992年）

“文化大革命”（1966～1976年）期间，兵团屯垦戍边事业受到严重破坏。1975年3月，兵团建制被撤销，成立新疆维吾尔自治区农垦总局，主管全疆国营农牧团场的业务工作。1981年12月，中央政府决定恢复兵团建制，名称由原有的“中国人民解放军新疆军区生产建设兵团”改为“新疆生产建设兵团”，兵团开始了二次创业。1981年12月3日，中共中央作出《关于恢复新疆生产建设兵团的决定》指出：中共中央、国务院、中央军委同意国家农委党组、新疆维吾尔自治区党委《关于恢复新疆生产建设兵团的报告》，决定恢复新疆生产建设兵团。生产建设兵团屯垦戍边，发展农垦事业，对于发展自治区各民族的经济、文化建设，防御霸权主义侵略，保卫祖国边疆都有十分重要的意义。兵团要实行企业管理，积极推行经济责任制，整顿和发展各项生产事业，办好社会主义大农业，实行农、林、牧、副、渔综合经营，发展农工商联合企业，大力兴修水利灌溉和水力发电，大力植树造林，不断提高森林覆盖率，继续搞好农业机械化，提高经济效果。同时要加强民兵武装值班连队的军事建设，搞好边防。生产建设兵团在过去长期的建设边疆、保卫边疆的斗争中，作出了很大的成绩。中央希望，兵团各级党委和广大干部、农垦职工，要认真学习和贯彻执行党的十一届六中全会公报和《关于建国以来党的若干历史问题的决议》，总结历史经验，继承革命传统，谦虚谨慎，戒骄戒躁，发扬成绩，克服缺点，认真执行党的民族政策，同新疆各族人民团结一致，艰苦奋斗，为建设边疆，保卫边疆，作出新的贡献。此后 30 多年时间里，兵团对国有农牧场进行了大包干责任制、兴办职工家庭农场、企业承包经营责任制、发展多种经济成分等方面的改革，兴办工业，建设城镇，兵团的屯垦戍边事业不断迈向新的阶段。

这一阶段是属于新疆兵团恢复建制后的过渡时期，也即兵团恢复后由农业部直属向中央直属过渡时期。1975 年新疆生产建设兵团被中央撤销，成立新疆农垦总局。这一时期原兵团人心涣散、人口锐减，农业生产力极大下降，屯垦戍边作用极大削弱，边疆安全隐患多次显露。党的十一届三中全会以后，经王震副总理建议，中央政府于 1981 年批准恢复设立新疆兵团。但改名称为“新疆生产建设兵团”，完全脱离国防序列，不再是解放军编制，而是划归农业部管辖，兵团战士也改成兵团职工。恢复建制后的新疆兵团身处全国刚开始改革开放的大背景下，家庭承包土地制度已经成为全国农村耕地的主流制度。因此，兵团恢复伊始，就开始初步施行土地承包制度。并借鉴内地土地承包经验和结合自身管理运营特点进行探索。这一时期，新疆兵团所有的土地使用权和土地经营权开始按照中央土地政策并随全国形势出现较大分离。

1979 年 8 月 1 日，当时农垦部颁布实行《国营农场工作条例（试行草案）》，规定国营农场是社会主义的全民所有制农业企业。它的主要任务是：根据“以粮为纲，全面发展，因地制宜，适当集中”的原则，分别建成为国家可靠的商品粮食、工业原料、出口产品和城市、工矿区副食品的现代化生产基地；保证完成和超额完成国家计划，不断地提高土地利用率、劳动生产率、商品率和资金利润率；积极采用先进技术和科学的管理方法，努力培养人才；在实现我国农业现代化的过程中起示范作用，充分发挥全民所有制的优越性。国营农场要发挥既是生产队，又是工作队、战斗队的作用。地处边疆的国营农场，要坚持“屯垦戍边”的方针，建设边疆，保卫边疆。国营农场的土地、森林、橡胶林、防护林、草原、矿山、水域，以及其他一切生产资料和财产，属全民所有，受法律保护，任何单位和个人都不得侵占和破坏。国营农场实行统一领导、分级管理的原则。凡是企业性质的国营农、牧场

(不包括华侨、公安等部门管的农场),都由农场管理部门统一管理。各级农场管理部门统一主管所属国营农场的计划、生产、财务、投资、物资、产品、劳动工资、人员调动等。国营农场的党的工作,由所在地方党委或由上级农场管理部门的党委领导。国营农场政权性的工作,由地方政府负责。农场领导干部的任免,应按干部的任免权限,由农场管理部门和同级地方党委商量后,办理报批手续。国营农、牧场的隶属关系不能随意变动,企业性和事业性的农场不得随意相互变更,必须变动和变更的,由省、市、自治区革委会同农垦部商量后,报国务院批准。这个条例决定了兵团土地的国有性质。

1984 年中央 1 号文件《关于一九八四年农村工作的通知》指出:今年农村工作的重点是:在稳定和完善生产责任制的基础上,提高生产力水平,疏理流通渠道,发展商品生产。农业生产责任制的普遍实行,带来了生产力的解放和商品生产的发展。由自给半自给经济向较大规模商品生产转化,是发展我国社会主义农村经济不可逾越的必然过程。只有发展商品生产,才能进一步促进社会分工,把生产力提高到一个新的水平,才能使农村繁荣富裕起来,才能使我们的干部学会利用商品货币关系,利用价值规律,为计划经济服务,才能加速实现我国社会主义农业的现代化。继续稳定和完善联产承包责任制,帮助农民在家庭经营的基础上扩大生产规模,提高经济效益。延长土地承包期,鼓励农民增加投资,培养地力,实行集约经营。土地承包期一般应在十五年以上。生产周期长的和开发性的项目,如果树、林木、荒山、荒地等,承包期应当更长一些。在延长承包期以前,群众有调整土地要求的,可以本着“大稳定,小调整”的原则,经过充分商量,由集体统一调整。鼓励土地逐步向种田能手集中。社员在承包期内,因无力耕种或转营他业而要求不包或少包土地的,可以将土地交给集体统一安排,也可以经集体同意,由社员自找对象协商转包,但不能擅自改变向集体承包合同的内容。转包条件可以根据当地情况,由双方商定。在目前实行粮食统购统销制度的条件下,可以允许由转入户为转出户提供一定数量的平价口粮。对农民向土地的投资应予合理补偿。可以通过社员民主协商制定一些具体办法,例如给土地定等定级或定等估价,作为土地使用权转移时实行投资补偿的参考。对因掠夺经营而降低地力的,也应规定合理的赔偿办法。荒芜、弃耕的土地,集体应及时收回。自留地、承包地均不准买卖,不准出租,不准转作宅基地和其他非农业用地。

同时,关于国营农场,也作出了特别规定,国营农场应继续进行改革,实行联产承包责任制,办好家庭农场。机械化水平较高、不便家庭承包的,也可实行机组承包。应提倡农垦农工商联合企业同附近农民合作发展农产品加工业和其他方面的经济联合,不受商品生产分工和地区、部门的限制。这对于兵团当时土地制度的改革和进步起到重要的指引作用。

兵团实行土地承包制初期的土地承包形式是"一主两翼"。在大农场承包团场土地,分包给小农场即家庭农场的双层经营体制下,实行以家庭农场为主体,以职工家庭庭院经济和职工自费开荒经济为两翼的承包形式,并划给宅基地,鼓励自建房,鼓励农业副业生产。这样的土地承包措施在当时极大提高了兵团职工的生产积极性。允许自费开荒,则为很多职工打开致富之门。这一时期新土地承包制度的实行,借鉴的是内地土地承包制度,自身特色是承包土地面积与内地相比超大,改革结果是使职工报酬与劳动挂钩,盘活了基层经济活力,"基本解决了基层职工吃团场大锅饭的问题"。但是团场经营管理中的官僚主义和低效率问题并未触及。

兵团实行土地承包制后期开始实行土地的企业化承包经营制度。这类似现在的龙头企业模式。由团场作为大企业,或者竞争上岗产生大农地承包经营企业主,实行农牧团场的企业化经营,团场的农业经营主体地位被强化,并实行统分结合,层层向下转包直到职工家庭。后期的土地承包制度借鉴的是内地城市国营企业的管理模式,改革结果是解决了团场干部吃团场大锅饭的问题,相较以前的制度有较大进步;且把土地通过层层分包到农户,也能很好完成上级下达的农业生产计划。当时形成的承包制度结构至今仍在适用。此次土地承包制度的缺点是风险分配有欠合理,团场承担全部生产风险,职工则只生产赚钱,不负担农业风险。

三、兵团计划单列后的土地制度(1993~2000 年)

1990 年,中央政府批准兵团在国家实行计划单列。兵团在继续作为新疆维吾尔自治区的重要组成部分、接受自治区领导的同时,逐渐由中央政府有关部门对口管理。这种双重领导体制的建立,是兵团行政隶属关系上的创造性变革,有利于中央与自治区对兵团的协调领导,有利于兵团履行肩负的各项职责,理顺了兵团与国家机关各部门的关系,进一步推动了兵团事业的发展。多年来,中央政府对兵团在公共服务和公共安全、教科文卫、农林水事务等领域给予政策支持和资金投入,为兵团经济社会发展注入了强大的活力和新的生命力。

改革开放后,新疆生产建设兵团百业俱兴,农业部的行政职能有限,已经不足以支持新疆兵团经济与社会的全面发展。中央高瞻远瞩,于 1990 年批准新疆生产建设兵团为省级中央直属单位,实行计划单列。中央决定赋予新疆生产建设兵团更多行政职能,对外称“中国新建集团公司”,党政军企合一体制渐次形成。兵团实行党政军企高度统一的特殊管理体制。兵团各级都建有中国共产党的组织,发挥着对兵团各项事业的领导作用。兵团设有行政机关和政法机关,自行管理内部行政、司法事务。兵团是一个“准军事实体”,设有军事机关和武装机构,沿用兵团、师、团、连等军队建制和司令员、师长、团长、连长等军队职务称谓,涵养着一支以民兵为主的武装力量。兵团也称为“中国新建集团公司”,是集农业、工业、交通、建筑、商业,承担经济建设任务的国有大型企业。兵团的党、政、军、企四套领导机构与四项职能合为一体。

1990 年 9 月 4 日,兵团颁布《新疆生产建设兵团关于调整和完善农牧团场承包经营者收入分配办法的规定》,规定承包经营者的收入必须与完成承包合同程度,同本企业经济效益、上交任务、企业发展后劲和职均收入挂钩。既要克服收入分配上的平均主义,又要防止差别过于悬殊,避免出现新的分配不公,坚持共同富裕的原则。既要有利于调动职工的生产积极性,也要有利于调动承包经营者的积极性。并就分配办法作了规定,分配方案要经职代会讨论通过,并经团场党委议定后报上级核准。本文件的颁行确定了兵团土地承包经营责任制的改革方向。

党的十四大提出“建立社会主义市场经济体制”的目标,要“调整和优化产业结构”和“高度重视农业”。中央社会主义市场经济体制建立和农业改革的春风吹到了新疆兵团,兵团土地制度开始走向社会主义的市场化。1993 年,新疆兵团党委决定在兵团团场实施“两费自理”制度,就是把兵团农户推向社会主义市场,取消职工等级工资,生产用具和牲畜等作价分给职工,实行土地承包经营,但是生产费和生活费“两费”由职工自理。个别团场还试点租赁土地经营制度。“两费自理”和“租赁经营”开始在兵团团场逐步推广。租赁经营就是非新疆兵团团场职工承包经营土地。

“两费自理”和“租赁经营”等土地承包制度的贯彻,是实行社会主义市场经济体制的大势所趋,但是兵团自身的党政军企合一体制,还有待与国家整体的社会主义市场经济体制的磨合与兼容。在“两费自理”等新的土地承包制度下,农业生产风险由兵团团场全部负担,转变成由兵团职工自担一大部分风险,这提高了兵团职工进入市场的风险意识,也提高了兵团职工的农业生产积极性。但是,农业生产具有天然的投入高、回款慢、风险大的市场特点,同时随着老龄职工增多,社会福利程度的提高,集成于土地的社会保障压力逐渐增大,职工上缴任务相对变重,也使较多兵团职工对于新的土地承包制度颇有怨言,兵团当局又面临给职工减负增收以藏富于民的极大压力。

四、实行“1 +3”文件后的兵团土地制度(2001 ~2005 年)

党的十五大报告提出:把“公有制为主体”“多种所有制经济共同发展”,作为我国基本经济制度。2000 年,党的十五届五中全会召开,为贯彻落实党的十五届五中全会精神,2001 年 4 月,新疆生产建设兵团颁布《关于深化农牧团场改革的意见(试行)》,后经试运行后,于 2004 年 11 月正式颁布《关于深化兵团农牧团场改革的意见》。因该正式文件附有关于“团场分配”“团场财务”和“团场基层民主”的三个附件,史称“1 +3”文件,生效至今。

2001 年 4 月颁布的“1 +3”试行文件,主要贯彻党的十五届五中全会精神,确立了“两个扩大”的土地改革方向,即“政治上扩大团场职工基层民主,经济上扩大团场职工经营自主权”。这样改革的结果,使兵团的行政性质出现一定的由管理型向服务型的转变,这是具有现代性和进步性的行政转变。

2004 年 11 月正式颁布的“1 +3”文件,成为指导兵团农牧团场深化改革的纲领性文件。文件中突出贯彻党的十六大和党的十六届三中全会精神，落实科学发展观和以人为本，目标是转变兵团行政职能，强化团场基层民主，实行了财务大包干、兴办家庭农场、实行承包经营责任制等一系列改革，使兵团农牧团场的经济管理体制发生了深刻的变化，推动了兵团整体经济的较快发展。这一阶段的改革简而言之就是"理顺分配关系，减轻职工负担"。

中共新疆生产建设兵团委员会、新疆生产建设兵团《关于深化团场改革的意见》指出：党的十一届三中全会以来，兵团党委制定了一系列关于团场改革的政策文件，推动了兵团团场的经济和社会发展，而团场生产力的不断发展，又要求改革不断深化。为全面贯彻落实党的十六大和十六届三中、四中全会精神和 2004 年中央农村工作会议精神，认真总结经验，加快改革开放步伐，发展壮大兵团，致富职工群众，就进一步深化团场改革提出指导意见。

指导意见主要内容有：落实土地长期固定政策：坚持土地固定 30 年不变的政策，确保职工家庭的承包主体地位。兵团的土地为国家所有，团场代表兵团、师行使所辖土地的管理权。团场落实土地长期固定政策，首先要保证职工及其子女获得土地长期固定使用权。扩大经营自主权：在完善统分结合的双层经营体制过程中，要进一步明确和扩大承包职工家庭的生产经营自主权。明确承包职工家庭承包经营的权利和义务。理顺分配关系：合理确定、规范农业承包职工的上交费用。执行国家费改税政策，结合兵团实际，以师为单位，在核定农业承包职工定额承包收入的基础上，合理确定不同团场农业承包职工上交费用的水平，做到定项限额，公开透明，逐级下达，合同约定。转变团场管理职能，建立健全社会化服务体系：拓宽团场的管理服务内涵。团场要适应职工队伍结构和所有制结构变化，结合机构改革和组建中心团场，管理范围要由过去只管连队和企业扩大到全面管理社会，由过去只管国有单位职工扩大到全面管理社区人口和各类从业人员，由过去只管国有经济扩大到全面管理各种所有制经济及社会组织。扩大基层民主：政治上扩大基层民主，是经济上扩大承包职工家庭经营自主权的制度保障。进一步扩大职工群众的知情权。积极发展团场非公有制经济：进一步解放思想，优化团场所有制结构。大力调整农业结构，推进农业产业化经营：以市场为导向，调整优化农业结构。按照调高调优农业的方针,坚持以棉花为主的种植业生产不动摇,同时大力发展果蔬园艺业、畜牧养殖业,形成种植业、畜牧业、果蔬园艺业“三足鼎立”的格局。加大综合配套改革力度:结合团场机构改革,推动团场、连队布局结构的调整优化。加强党对团场工作的领导:团场是兵团履行屯垦戍边使命的主要载体,职工是履行屯垦戍边使命的主力军。各级党委要努力践行“三个代表”重要思想,全面贯彻落实党的十六大和十六届三中、四中全会精神,不断加强在新形势下的执政能力建设,切实发挥领导核心作用,总揽全局,协调各方,及时总结经验,坚定不移地把团场改革引向深入,努力增加农工收入,稳定壮大职工队伍。

这一阶段的土地承包制度改革,使兵团团场的农业生产结构模式硬实力方面趋于流畅和定型,但是软实力方面还存在与内地或者国外市场接轨问题,和内部社会保障制度建立完善等问题。如租赁兵团土地经营的农户,因为没有职工编制,一旦土地经营到期,可能面临老无所依;还有兵团团场的统购统销价格可能偏离市场价格。这是兵团特殊体制的自身属性使然,短期内不能避免,但也引起兵团当局注意。兵团土地承包制度期待进一步的改革。

五、兵团土地承包长期固定制度的形成(2006 ~ 至今)

2006 年,为响应中央政府农业税费改革,更好地适应新的时代形势,兵团党委基于对“1 +3”文件颁布实施以来的经验与问题的总结,颁布《关于进一步完善“1 +3”文件若干政策的补充意见》。目的是理顺团场与职工的分配关系,就是统分关系,规范土地承包费,以减轻职工农耕经营的成本负担,同时也加快兵团特殊体制与市场机制的接轨。

《关于进一步完善“1 +3”文件若干政策的补充意见》是为贯彻落实党的十六届五中全会和中央农村工作会议精神以及《国务院办公厅关于深化国有农场税费改革的意见》(国办发〔2006〕25 号),适应新形势和建设屯垦戍边新型团场的要求,进一步解放和发展生产力,在总结团场改革实践的基础上,就进一步完善兵团党委、兵团“1 +3”文件若干政策提出的补充意见。“1 +3”文件补充意见指出,进一步完善团场基本经营制度,调动职工家庭和团场的积极性:始终坚持以职工家庭承包经营为基础、统分结合的双层经营制度不动摇。团场既是一级行政单位，更是生产经营实体。按照市场原则进一步确立承包职工家庭的生产经营主体地位，充分发挥承包职工家庭的积极性和创造性。在此基础上，进一步确立团场的经营管理主体地位，充分发挥团场的积极性和创造性。团场全民所有制承包职工实行土地长期固定、生产自主经营、成本费用自理、负担只减不增，收益风险均沾，享受社会保障的政策。进一步完善土地长期固定政策，稳定职工家庭土地承包权；进一步规范土地承包费，切实减轻职工负担；进一步完善团场民主管理制度，加强基层民主建设。

“1+3”文件补充意见作为对“1+3”文件的进一步补充完善，确立了“土地长期固定”“负担只减不增”“享受社会保障”和“生产自主经营”等惠民政策，体现了兵团当局的富民思路。此时，兵团当局的土地改革目标已经指向农业现代化，因此，兵团城镇化、社会保障、土地流转等改革，与兵团土地经营制度改革并举。“1+3”文件补充意见确立了兵团团场的基本农业经营制度，形成了长期固定的土地承包和土地流转制度，把新疆兵团党政军企合一的特殊行政体制与我国社会主义市场机制较好地接轨，为兵团农业生产领先全国，打下坚实良好的土地制度基础。

2006 年年底，兵团党委提出了将兵团耕地区分为“职工定额地”“职工经营地”和“职工自用地”三种地，这是借鉴内地垦区的先进经营经验的划分方法，从此，新疆兵团团场土地承包制度政策基本定型。

“职工定额地”就是用于满足职工衣食等基本生活需求并缴纳养老保险的土地，只有在编兵团职工可以依据职工身份享有，因此又叫身份地。由于各团场土地面积与人口比例并不完全相同，所以各团场身份地面积也不完全相同，一般在 15 亩左右。根据身份地的性质可以看出，要让普通职工的基本生活更加富裕安稳，扩大身份地不失为明智的善举。实际上兵团土地制度运行的趋势也是尽量扩大职工身份地，直接提高职工用于日常生活支出和缴纳养老保险的收入。

“职工自用地”则是职工家庭的房前屋后，每户给上两亩左右，用于职工根据个人喜好种菜自给或者发展庭院经济。其性质属于快乐地，房前屋后绿树成荫，鸡鸭成群，能够带给团场农户更多的好心情，更多居住乡间连队务农的乐趣。

“职工经营地”则属于市场化的能者多劳土地承包形式,种田能手可以多承包,无心耕种者也不强求。这一部分土地是兵团土地的主要部分,兵团土地制度改革主要针对的就是这一部分土地的改革。

课题组认为:“职工定额地”需要扩充,但也需要设定上限。扩充为了给兵团团场农户扩大福利,这是社会历史发展大势所趋。但是,以前国企改革的教训显示根据身份得到薪酬可能导致不劳而获现象。譬如,农户拿到很大的身份地以后,转手出租,自己不再耕种,只吃租金,而租地的实际耕种者需要代地主上交养老保险,承担一切农业风险,还要给地主交租。这种土地流转在客观上培养了农村社会寄生阶层的形成,形成新的制度性剥削,而有剥削就有压迫。因此课题组强烈认为福利性质的“职工定额地”即身份地,应当设定面积上限。

课题组同时认为:“职工经营地”是保证国家粮食安全和团场职工致富的双重利器。保证国家粮食安全的意义不再赘述。就团场职工致富而言,根据现行农业科技条件和农产品市场价格,根据课题组在诸多团场调研得见,耕种 20 亩棉花地是贫困生活水平;耕种 40 亩棉花地可达温饱,节衣缩食才可以供养一个孩子读大学;耕种 100 亩棉花地才可达温饱,耕种 500 亩棉花地才可以达小康生活水平,要达到土豪水平至少需要耕种 1000 亩棉花地。简言之,谁能握住“职工经营地”,谁就掌握致富源泉。因此,承包土地的发包程序的公开、透明、公平就是极端重要的土地承包附随制度。而新疆兵团土地发包程序制度建设,需要和兵团团场的基层民主制度建设一起进一步完善。

六、兵团土地制度的未来展望

新疆生产建设兵团团场土地承包制度,历经新中国成立以来诸次改革终于基本定型。检视兵团成立以来的土地制度演进历史,可以明显地看出兵团土地制度主要随着国家土地政策的变动而改革前进,同时也因兵团自身党政军企合一的特殊体制和屯垦戍边的特殊使命,因此一直与内地土地制度有较大的不同。课题组作为新疆兵团职工,在国家宏观政策运行趋势视野下,对于新疆兵团自身土地制度未来发展的微观的细节趋势,愿意作抛砖之见。

未来新疆兵团土地制度必然会进一步增加协商性,减少行政强制性。这是市场经济所需,也是政企分开所需。新疆兵团的土地制度运行中的行政性十分强烈,统一购买种子,统一购买农资,农产品以兵团定价统一收购。这种行政命令结构在过去有很大优点和保障作用,但在当代已经显现出与兵团农户自由耕种和自由出售农产品的意愿的较大冲突,这滋生了倒卖农产品阶层。譬如江浙一带有商人每年来新疆兵团一次,只要把兵团棉花运出卡子,即可以以市场价倒卖牟取暴利。这样的类似走私的搬运偶然在灾年也会酿成群体性事件。未来兵团必然需要解决这一问题。

未来新疆兵团土地制度应该会考虑增加兵团农户离婚、继承时候的土地归属问题的规定,也会增加关于土地承包尤其转包合同纠纷的解决规定。由于新疆兵团的特殊性质,兵团土地属于国有,因此《中华人民共和国农村土地承包法》可以适用于全国,就是不适用于新疆兵团。再者,由于新疆兵团的土地承包合同兼具承包合同与劳动合同的双重属性,这与是内地的巨大不同。因此,在新疆兵团团场,凡遇到农户离婚、继承时候的土地归属纠纷问题,一般由团场政研室口头表态,土地可以给谁承包,这时候法院才敢把团场政研室口头表态写进法院裁判文书里。因为未经团场政研室同意的关于土地的法院判决,到了团场因为肯定无法得到执行而形如废纸一张。至于土地承包尤其转包合同纠纷则兵团法院轻易不敢受理,或者凡是农户双方签约的土地流转协议一律按照合同法规定确认有效,这样实际上产生了强制性政策与司法判决的冲突。这极大地影响了法院权威。课题组认为这些都是兵团土地制度的微观缺陷,虽然瑕不掩瑜,但是会导致纠纷不断,相信未来兵团当局会有新的土地制度顶层设计,完美地解决问题。

第三章

国外土地流转制度比较研究

外国的农地制度历史变迁大多经历了两个阶段,即均田制阶段和耕地规模经营阶段。第一阶段,土地制度改革主要是平均地权。其中美国是由于建国之初,国家财富除了土地之外一无所有,只能采用把小农经济发展成农业经济的方法,于是只能把卖地作为国策发展经济。随着经济发展到一定程度和阶段,土地细碎化制约农业经济发展的问题凸显出来。于是各国普遍进行到了第二阶段,即农地集中和规模扩大的过程。因为世界上很多国家在农业发展过程中都会逐渐认识到小块土地的经营对于国家极不经济的问题,因而采取农地规模经营的策略,并且农地经营规模随着生产力的发展逐步扩大。第一阶段的平均地权不是本课题研究内容,但是第二阶段,农地集中和规模扩大,必然涉及土地流转,是本课题资料梳理的重点。

我国现行的土地法律制度主要以宪法为根本大法,辅以物权法、民法通则、土地管理法和农村土地承包法等法律法规,其土地立法结构,尚存有待完备的地方。本课题主要通过对美国、英国、法国、日本4个国家的土地流转的比较研究,试图概括土地流转对于以上国家农业现代化的积极影响。以批判借鉴的态度,资以为本课题研究提供方法视角。但是,土地合作社等土地集中模式,本课题暂时不作为土地流转研究。应当还有其他国家的土地流转模式,但是限于作者水平和精力,暂时舍弃。只选取前述4国的土地流转制度模式,进行简单的框架性的梳理和简述,以期作为我国土地立法的借鉴,再细化至新疆生产建设兵团的土地流转政策设置建议。

一、美国土地流转制度简述

美国是典型的农业规模经营文明大国,也是西方典型的土地可以私有的国家。其土地制度相对文明流畅,其棉花等农产品进入中国,对我国农产品销售形成一定冲击,其冲击甚至波及于兵团棉花销售,可见其农业现代化之强势。因此梳理分析美国土地流转制度,对本课题具有显然的批判借鉴意义。

美国也是典型的允许土地私有的国家,有关土地管理的法律法规和制度体系十分健全,包括土地的所有权、使用权、处分权、收益权、租赁权、抵押权等相关的其他权益的土地制度规定,相当完善。例如,有土地法令、宅地法、先占权法、地价递减法、荒地法、联邦土地政策和管理法等法律法规。

美国作为土地私有的国家,其土地制度最典型的首先是土地确权保护制度。美国土地确权保护制度既有土地利用规划管控的强制性措施,也有市场自愿保护的激励性措施。美国土地确权保护制度对于促进美国土地流转起到了重要的奠基作用。美国实行公私兼有的多元化的土地所有制度,美国农村的土地有国有和私有两类,其中随着经济社会的进步私有土地已经比国有土地更多。相应美国土地流转的方式主要有两种形式。一是国有土地出售。它通过出台一系列法案,如土地先购权法、宅地法来鼓励拓荒和土地的开发。实施宅地法期间,美国有近200万农户无偿获得宅地。这部法律使大批长久以来没有土地的小农无偿获得了土地,成为自耕农,奠定了美国资本主义农业发展的坚实基础,成为美国农业资本主义化道路上最重要的一步。二是市场交易。如果要使用那些不属于自己的土地,都需要通过市场交易来实现。一般来说,各种所有制形式之间的土地可以通过有偿方式取得确权,如自由买卖和出租等。美国地广人稀,人均拥有丰富的农地资源。美国的土地所有制有两种情况:私人所有制和土地公有制。其中私人所有制占主导地位,大约占到全国土地面积的60%。而土地公有制分为两个层面,一个层面是联邦政府所有,约占全国土地面积的33%;另一个层面是州政府所有,大约占到5%。还有2%的土地是印第安人的原始保留地。在此基础上,美国的土地流转以租佃制为主,拥有土地所有权的私人或政府可通过自行或通过中介出租土地。出租方式有固定出租即法律固定年限,当事人无权修改和浮动出租即出租年限由当事人协商决定,但交易价格由市场和双方协商决定。美国的农业生产发展也经历了一个由小规模分散粗放型家庭经营到家庭适度规模经营阶段,最后发展到现代化的专业化综合性的家庭大规模经营阶段。在这个过程中,土地流转成为关键性转型措施。土地流转的目的主要在于扩大农场的规模,加快生产要素的有序组合以及促进先进科技与管理知识在农业方面的运用。土地流转过程中,通常都是土地使用权、经营权的有偿转让,一般不涉及土地的所有权。

美国在 20 世纪初确定了以家庭农场制为主的土地制度。现今的美国农村土地基本是被家庭农场所占有,经营权、使用权、处置权大部分由农场主掌握。但美国政府也保留了相当多的对农村土地的控制、管理和收益权,比如出于公共用途并给予合理补偿,就可以征收私有土地。因此,可以说美国农场主获得的仅仅是具有产权保障的土地使用权,并非绝对的所有权。20 世纪 90 年代,美国农业立法有了一个突出的变化,即不断减少政府干预农业的程度,以期求得逐步取消因农产品价格支持而带来的巨额财政负担。1932 年的农业法及 1938 年农场法,截止到 2012 年分别修改了 10 次及 5 次,对美国土地的管理和流转做出了具体指导。在此期间,美国在 1981 年出台了农地保护法、1996 年联邦农业发展与改革法、2000 年农业风险保护法等一系列法规,来限制农用土地非农化使用。

美国的土地流转制度因其有效的制度保障,以及以土地私有权为基础的家庭农场制度,使得土地在流转过程中能够达到产权边界明晰,在市场上的买卖出租都有很大的自由度,能够很好地得到市场的调节,而且对于农地的权利方面有很好的法律保障,促进了美国的农地合理地进行流动,农地经营规模能够随着经济的发展而不断扩大。除家庭农场外,美国还积极采用其他发展模式。美国以家庭农场为主,实施兼业经营,例如采用农场合作社的模式。美国还通过信贷支持、政策引导、利息调节、价格补贴等经济手段以及各种优惠性的政策来鼓励和诱导家庭农场规模的适度扩大,推动了美国农地流转和农业现代化进程。

美国联邦和州政府对农地始终享有三项权利，即土地征用权、土地管理的规划权和税收权。当然，政府这三项权利并非是无限制的。比如，即使是用于公共目的的土地征用，也需征得社区成员的首肯，并给土地所有者以市场价值的补偿，如果社区成员坚决反对，土地征用也是很难实现的；土地分区法包括土地使用综合规划的制定，也必须召集社区所有成员参加，在社区成员讨论通过的基础上才能颁布土地分区法；土地税和其他税收一样，税率必须有章可循，而且征税者必须为纳税人提供良好的服务。

最后，关于土地继承制度。继承制度在一定程度上是现代文明国家采取的促进和保护规模经营的重要方式。为了保护农场土地在代际传承中不被细分碎化，美国法律规定家庭成员可以拥有或继承农场土地股份，但不能退股，只许内部转让。

二、英国土地流转制度简述

英国是老牌资本主义国家，其土地制度历史悠久，制度体系发展至今已经十分完善。英国土地制度以农场使用权为核心、以土地高效率利用为标准的确权方式，这对中国的土地确权改革中一味地追求所有权、忽视土地的高效配置的做法，具有一定的借鉴意义。如果试着把英王类比为中央，英国各自营农场类比为新疆生产建设兵团，则英国土地流转制度对于新疆生产建设兵团土地流转制度也能起到一定的积极的批判借鉴作用。

英国在16世纪前盛行敞田制。敞田制使土地细碎和分散，制约了土地的产出和农业生产率的提高。随着经济社会发展，土地集中的需求越来越强烈，并最终导致敞田制被废除。

传统上英国的继承制度采用嫡长子继承制。土地的嫡长子继承制保护了大地主的代际延续，使英国历史总是存在能够与国王一拼财富的大地主。这也是英国在全世界率先出现自由大宪章的制度原因。但是历史发展到后来，土地的嫡长子继承制已经不利于土地的集中。

英国政府通过立法手段对农业生产和土地关系进行干预和调整，倾向于保护自营农场主的利益而限制地主的权利，促使了自营农场的快速发展。颁布的法律、法规包括1906年的农业持有地法、1941年的农业法等。之后，英国先后对农业法进行了修订。继圈地运动之后，英国政府为了扩大农场经营的规模，促进农村土地的流转，从政策的制定上支持大农场的发展，排挤、合并小农场。1967年，经过修订的农业法规定，对合并小农场，政府提供所需费用的50%。除此之外，政府对农产品差价补贴的数额也基本取决于各个农场的播种面积和销售数量，也就是说，农场的规模越大，其所获得的补贴就越多。因此，在政府鼓励、市场竞争、农业技术的改进等因素的共同作用下，英国的农用土地得到了顺利流转，农场的规模也逐渐地扩大。

英国农地流转的模式主要是扩大农场规模，以市场为导向，在农业科技的带动下，促进土地的有效流转。在制定制度过程中，政府发挥了很大的作用，立法和相关政策的出台加速了土地的流转速度。同时，也有效地发挥了市场在土地流转过程中的调节作用，形成了良性的流动机制。

英国的土地所有制很特殊，名义上英王为国家唯一的土地所有者，英国贵族和国民拥有的土地来自于英王的授予，被称为土地的保有权。从这个意义上说，英国的土地权利主要是不同形式的土地保有权。英国按照在1925年颁布的财产法规定，英国的土地保有权简化为“自由的土地保有权”和“租赁的土地保有权”两大类。除此以外，衍生的其他土地权益还有用益权、抵押权和地役权等。自由的土地保有权是指保有权人对自己的土地永久所有，一般以契约或居住、使用等形式为基础确定，并能够随意处置包括自由出卖、赠送。租赁的土地保有权指土地保有权是有期限的，一般通过协议方式确定土地权利和内容，而且在租赁期内，双方都要严格遵守，不受自由的土地保有权人的随意干涉。目前，英国的土地法更倾向于保护土地租赁者的权益。如1986年颁布的农业土地所有法案中就规定，农村土地租赁者交纳租金的最高限制和权利纠纷处理，保证农村土地租赁者继续更有保障地使用土地的权利。

英国目前实行的是产权登记制度，主要是对农村土地尤其是大农场的绝对产权、有限产权、占有产权或有效的租赁保有产权几种形式去进行确权登记。土地登记局成立于1862年，是英国唯一从事土地产权的审查、确认、登记、发证、办理过户的部门。农村土地确权登记过程中，登记局首先必须去实地勘测边界线，查看农村土地保有人为其产权提供的证据，全面收集农村土地信息，以符合土地登记的需要。政府有关部门根据登记簿的信息制作权利证书，明确显示该土地现有权利内容、影响土地权利事项和衍生的土地其他权利，交付给权利人，该权利证书具有一定的法律效果，不得侵犯。土地确权登记是农村土地交易过程中律师所承办的各种法律的重要凭证，有助于农村土地市场的交易活跃，以获得土地发展权，即更高强度或更高价值的使用权。

三、法国土地流转制度简述

法国在历史上是典型的小农经济占优势的国家，农业发展缓慢，土地占有关系不平等，土地规模小且分散经营，土地经营效率低下，农业生产的经济效益低下。这一点上与中国近似。

由于意识到土地分散零碎事实上成为阻碍农业发展的根本因素，法国政府将土地集中政策作为了农业土地政策的重点。1920年起，法国先后出台了多个土地流转政策，促使小农场合并为中等农场，增加中等农场的数量，鼓励中等农场规模进一步扩大，最具有意义的法律条文是农业指导法。法国政府通过土地经营权的转换进行土地整治，进一步加快土地的集中使用，提高土地的经营效益。除此之外，法国还通过一些法律上的规定来保护土地，促进土地的流转。如私有农地一定要用于农业，不准弃耕、劣耕和在耕地上搞建筑；土地转让不准分割，只准整体继承或出让；设置土地事务所和土地银行等相关机构，促进土地的有效管理和流转。明确而切实的法律法规不仅加快了土地流转的效率，也减少了土地流转过程中交易双方的矛盾和人地的矛盾。

法国的土地经营方式主要有租赁经营、土地所有者直接经营、分成制经营。其中租赁经营（即使用权的流转）是成本较低、震动较小的途径，因而成为主要方式，目前全国60%以上的农业用地是以租赁方式经营的。同时，法国在1962年成立了30多个由国家控制的非营利性机构"农村安置与土地整治公司"，使分散的土地都能达到标准经营面积。此外,从产权制度或经营方式来看,除了家庭农场外,还出现了农业共同经营集团(GAEC)、有限责任农场(EARL)、民事团体、商业集团等其他形式。

法国在推行土地流转的过程中,为减少土地流转过程出现的阻力和矛盾,规定农村土地用益权可以通过出租、转让、抵押等多种方式流转,并且鼓励农民因地制宜,采取不同流转方式结合的流转形式,充分注重土地流转方式的多样化。通过土地流转的多样化,合理分配财产权,处理人地的矛盾,不但最大限度地提高了农村土地的利用效率,也促进了农村土地适度规模经营适应现代化农业结构的调整。多种流转方式不仅给农地经营者创造了良好的选择机会,充分满足了农民的土地需求,而且进一步改进了农业融资方式,适应了现代农业国际竞争的需要,有利于农业的长远发展。

最后是关于土地继承制度。从法国农用地继承方式来看,农用地继承权也受到政府公权力调控和国家法律的限制。早期法国实行土地嫡长子继承制度,为了防止土地细碎化,1938 年法国规定低于一定价值的农场不得再分割,1960 年法国农业指导法进一步规定不在农村务农的儿女或其他继承人无权分赠遗产,而其他的法定继承人都能得到经济货币补偿而不是直接得到土地。这样能保证土地的农业性质、农用地经营的稳定、农业农场地块的规模经营效益和提高农地利用效率,防止农用地非农化、非粮化和土地的细分、碎化现象。

四、日本土地流转制度简述

日本在 1868 年明治维新以后,政府宣布农民和市民可以分别在乡村和城市占有土地,并解除了德川幕府统治时期的土地买卖禁令。“二战”后,为了改变半封建的土地制度,在美国操纵下,日本进行了资本主义各国中最为彻底的土地改革,建立“耕者有其田”的自耕农制度。后进行了连续立法,保证了土地制度与农业现代化的同步。

日本 1952 年制定农地法,保护自耕农主义;1959 年开始对农地法进行数次修改。1961 年出台农地基本法,提出有选择地培育更多“自立经营农户”的发展思路。1962年在此基础上进行修改,建立农业生产法人制度、土地信托制度。在土地租用制度方面,解除对土地租金的最高限制,放宽对出租农户的土地面积和资格限定。此后土地制度的核心已转向通过土地所有权、经营权、耕种权的分离来扩大经营规模,提高土地利用效率。1969年颁行的农地振兴整备法,1980年颁布实行1993年修订农地利用增进法,目的是建立一套促进农地集聚和转移到专业农业生产单位的制度。2001年实施农地法修正案,推动建立生产法人制度,进一步放宽农地管制。此外,日本还有许多具有推动作用的其他政策制度:如认定农业者制度、农用地保有合理化制度、特定法人农地租赁制度、农民退休金制度、农业委员会制度及市民农园土地流转制度、跨产品经营安定政策等。日本政府现今鼓励土地向认定农业者集中,采用了以自然村落为单位的集落营农方式,同时支持农地规模化经营的农业服务事业体。同样,生产合作组织作为一种新的模式对日本扩大经营规模有不可忽视的作用。

日本也是典型的土地私有制国家。为了保护优良土地,日本政府对土地的确认、购买、转用都有严格的规定。1950年,政府制定的土地法又从法律上保障了自耕农对农村土地所有权的永久地位。后来,农业政策逐渐放宽了对农村土地的占有和流动的限制,实行地租自由化。尤其是以地域为单位实行土地经营权的自由流动是个创新,实现了农村土地所有权和经营权的分离,适应了土地规模经营的需要。农林水产省作为日本农业和农村土地管理的最主要政府部门,通过制定各种土地法令,保护耕作农民的权利和确保优质农村土地用于农业。日本政府依法划定有农业振兴区域范围,并且法律规定在此区域范围内的农村土地不准任意转用。农村土地所有权转让、佃耕权或租赁的转让、重新设置有严格限制,须经都道府县知事或农林水产省大臣的许可才能进行,还要注重生态保护,否则要予以处罚。以耕作外的使用为目的取得农村土地所有权、租赁权、场地使用权时,也必须经过严格审查才有资格获取。日本农村土地虽然受政府的种种限制,但土地的所有权、经营权、收益权各自独立,土地界线明确,通常可以从政府低价购买、自由租赁和转让获得确权。

日本的土地流转主要通过买卖和租赁两种方式。日本的农地改革和1952年制定的农地法,不允许拥有土地的农户离开村落,凡是那些离村就职的农户必须出售他们所持有的土地;1962 年对农地法进行了第一次修改,开始允许农地出租和出售,但是,由于地价的不断上涨,阻碍了农地耕作权的让渡;1970 年和 1982 年先后两次修改农地法,突破了土地占有和使用方面的限额,以土地使用权和经营权为中心内容,鼓励土地的租借和流转等;1980 年日本政府颁布的农用地利用增进法对农地的有效流转也发挥了一定的作用。除此之外,日本还建立合作经济组织等中介机构,来促进农地的流转。合作经济组织作为农地租借转让的桥梁,他们接收租出的农地,再将这些农地租给那些有需要的人们。1993 年制定的有关法律规定,农地流动的方向主要是向"认定农业者"集中,并且那些认定农业者可以获得农地方面优惠的政策支持。

日本农协的良好发展可谓是各国农民组织发展中的一个典型。它不仅促进了农民的合作,也成了农地流转过程中最重要的媒介,加快了流转的速度,保证了流转的成功率,为农民提供了有效的保障。

点评:在日本农地流转制度的发展过程中,政府所起到的积极作用是不容忽视的。政府通过行政、立法等手段,培育了良好的农地流转的政策和法制环境,也为农地流转创造了良好的市场氛围。另外,农民合作组织的产生和发展也发挥了其作为农地流转市场中介的作用。

最后是关于土地继承制度。日本一直延续长子继承制,不均分的后嗣继承制度较好地抑制了土地的细碎化,保护了土地的规模经营。这种保护土地规模的做法,对兵团土地继承制度建立有一定借鉴意义。

五、国外土地流转制度对新疆兵团借鉴意义分析

(一)美国土地流转制度对新疆兵团借鉴意义分析

美国是老牌资本主义法治化国家,也是十分彻底的市场化国家。其土地流转市场的显要特征是法治化与市场化。目前美国土地的所有权形式有三种:联邦政府所有、州政府所有和私人所有。虽然在某些区域政府仍保留了部分对土地的所有权和收益权,但美国非常注重保障土地所有者对土地依法享有的权利,如土地

的收益、分配、处分权利,及土地的转让、抵押、租赁和继承等权益。同时土地租用者也依法享有因租佃而来的土地权益,主要通过转租、转让、继承等方式使土地流转。正因为土地所有者具备了明晰的土地产权边界,在美国私有土地的侵权及土地合同纠纷等很少见。

课题组认为:美国土地流转市场的法治化与市场化,很值得新疆兵团批判借鉴和引入,但是应当依顺序引入,即必须先完成法治化而后才能完全市场化。在实现法治化之前,过于市场化容易造成农民土地权益受损、土地非农化、土地非粮化、土地过度集中等问题。

课题组同时认为:美国实行的是土地私有制,而新疆兵团实行的是土地严格公有制,即国家所有制和集体所有制。基础制度的区别,使土地制度移植必须慎而又慎。

因此,借鉴的目标,可以温和表述为:兵团可以在批判借鉴美国土地流转市场规则的基础上,努力建设更大程度的土地流转法治化与市场化。其中,土地流转法治化的基础,就是土地利益权利化和土地权利制度化。简而言之,就是兵团土地首先应当确权。

借鉴的手段,也可以温和表述为:兵团可以在批判借鉴美国土地流转市场规则的基础上,努力明确和扩展农民土地利益的财产权属性,形成农民土地权益的制度化保护;逐渐实现土地的生产作用与土地对农民的社会保障功能的剥离;推进农民土地权益与金融要素、技术要素、农业产业要素对接整合,创新农民土地增收。

(二)英国土地流转制度对新疆兵团借鉴意义分析

英国是老牌资本主义国家,也是第一个成功完成农业现代化转型的国家。其传统的敞田村社在近现代的土地流转操作中,以圈地运动的形式比较好地解决了农地资源的市场化配置。尤其在议会圈地形式下的土地流转公共决策,既让各种土地利益相关者有序地进行了民主参与决策,同时兼顾了村庄社群的公共利益,还增强了公权力(议会)的权威,保障了农村社会的稳定发展。这对新疆兵团汲取发达国家的现代化经验以构建完善的土地流转机制富有启示意义。

英国土地流转最著名的就是圈地运动。议会圈地是一个非常复杂的决策过程。按照参与主导性原则,议会圈地的公共决策过程分为两个阶段:前一阶段由所有地主共同决策主导,也即民主参与决策阶段;后一阶段由圈地委员依据议会圈地法令来主持和主导,也即公权力决策实施阶段。圈地运动显要特征是决策过程民主化。

课题组认为:圈地运动听名字就难免感觉血腥,但是在英国居然顺利完成。其决策过程民主化是圈地运动成功关键。决策过程民主化,十分值得新疆兵团批判借鉴和引入。具体可以细分为:(1)新疆兵团土地流转中应优先考虑团场和农户的公共利益。(2)在公共决策中注重民主参与,而民主参与的关键是财产权原则与身份原则的有机统一。即无地的本地团场农户也有参与决策发言权。(3)公权力只有效监督民间土地流转,不参与民间土地流转决策。

简而言之一句话,兵团土地流转公共决策时应当兼顾公共利益和尽量多的各相关利益方的利益。这就是英国经验。

(三)法国土地流转制度对新疆兵团借鉴意义分析

法国是一个农业非常发达的国家。基于伟大的法国民法典的支撑,法国具有很多优秀的可圈可点的农业制度。例如,农民实行资格认证,培训后持证上岗。土地流转需要经中立非营利组织托管出售。最值得新疆兵团批判借鉴的是法国的土地继承制度。

作为土地继承立法,法国有伟大的法国民法典,明文规定了农用地继承的单独继承和优先继承方式。单独继承即仅把农场继承给一个最具有农业经营能力的继承人;优先继承即从事农业耕作的继承人享有农场的附属物优先继承权。其余的法定继承人不是直接得到土地而是得到经济补偿。而在我国,承包经营权实体权利的继承,在宪法、继承法、物权法和农村土地承包法中均未有直接体现,只是针对承包经营收益部分,语焉不详地论及。

课题组认为:法国的土地继承制度值得新疆兵团批判借鉴,并且十分急需借鉴引入。兵团团场土地承包经营权继承制度改革,应立足于保障团场牧场土地所有权人、用益物权人的权益并让其收益最大化的根本目标,建立符合兵团团场牧场生产力发展要求并与之相适应的明确清晰的农用地继承制度。因此,新疆兵团土地流转相关文件修改过程中，应给予承包经营权有限继承、优先继承制度应有的法律地位，以实现和维护新疆兵团农业规模化经营和可持续发展。

（四）日本土地流转制度对新疆兵团借鉴意义分析

日本是一个人多地少的岛屿国家，但是其土地流转制度十分现代。从 20 世纪 70 年代开始，日本政府把重心从促进农户之间土地流转转移到促进农户和农业生产法人流转上来，从促进土地所有权的流转转移到促进土地经营权的流转上来。以农地租赁为主要形式的农地规模经营战略获得了成功。

最值得新疆兵团批判借鉴的是，日本现在成熟的土地流转制度是土地经营权的流转。而土地经营权的流转非常符合我国现在的国情，也非常符合新疆兵团现在的实情。

日本土地流转制度历史演进显示，日本实行农地私有产权流转并未能促进日本农地流转，而实行农地经营权流转促进了农地流转并且提高了农业规模经济效果，实行农地经营权流转也成为日本农业发展的最终选择。这表明在农地关系紧张的国家，农地产权私有化未必是促进农地流转以提高农业生产效率的最优选择。因为农地不仅是农户重要的农业生产要素，还是农户重要的资产，兼具生产要素和资产两种功能。当农地的农业外用途增强时农地资产性作用就会增强，农地所有者为获得更高的农地非农化收益而不愿意将农地私有产权转让给农业生产者，导致农地私有产权流转方式在农业生产中的资源配置机制被扭曲而失效。此时，经营权流转既可以保障农户在农地被征用为非农用地时获得高收益，又能保证其在农地不被征用时通过从事农业生产获得基本收益，所以更有效。

课题组认为：日本的土地经营权流转制度十分值得新疆兵团批判借鉴引入。其最大特征是农地经营权流转而不是农地私有产权流转。在日本农地兼具生产要素和资产性作用两项功能。如果农地的资产性作用增强，那么农地作为生产要素的属性会被削弱。所以，日本政府实行农地经营权流转，就是削弱农地的资产性作用，强化了农地作为生产要素的属性。

新疆兵团团场的农地承包合同，兼有土地合同和劳动合同的双重属性。可以批判引入日本政府思路,淡化劳动合同属性,强化土地合同属性;淡化土地资产性作用,强化农地生产性作用。这样改革必然更有利于为新疆兵团的农业现代化和农业规模经营提供制度支撑。

第四章

兵团土地流转的基本情况

一、兵团土地政策与土地流转发展态势

2000年,经济体制改革取得实效,国有企业运行质量明显提高。2000年农牧团场统分结合的双层经营体制进一步完善。承包职工"两费自理"的比重达到60%,生产费自理金额约20亿元,实行租赁经营的人员达到3.92万人,租赁耕地约73.3千公顷(110万亩),规模经营的家庭农场达到5328个,承包经营耕地61.3千公顷(92万亩),农业股份合作制实体111个,股本总额1.69亿元。建立现代企业制度取得突破性进展。截至2000年底,兵团已有80%的国有企业分别实行了股份制、股份合作制、租赁、承包经营、兼并、破产等多种形式的改革。大中型企业改制面达到40%以上,全兵团已有17户国有企业改制为股份有限公司,有372户企业改制为有限责任公司。2000年,中基股份有限公司在深交所挂牌上市。兵团6家上市公司累计募集资金20多亿元,总股本金额34亿元,经营业务涉及棉花、支农工业、特色名优产品等领域,当年共创利润3亿多元。国民经济和社会发展中存在的主要问题是:经济结构不合理的矛盾依然突出;新兴产业发展缓慢,科技创新能力及适应市场能力不高;国有企业转换经营机制的任务仍相当艰巨,集团优势未能充分发挥;部分企业管理不严,经营困难,职工生活水平有待进一步提高。农业生产再获丰收。2000年,兵团各级党政领导高度重视农业和农牧团场工作,继续把"农业增效、农场稳定、职工增收"放在首位,强农固本,兴农安邦,全面启动了"400万亩节水工程""特色产业工程",多渠道增加农业投入,改善生产条

件,坚持棉花发展战略,大力调整生产结构,加强管理和服务,强化科教兴农意识,加大高新技术的应用力度,农业经济快速增长,综合实力明显增强。全年实现农业总产值 143.74 亿元,增长 11.0%。全年农作物播种面积 909.80 千公顷(1364.70 万亩),下降0.5%。其中粮食作物播种面积 219.07 千公顷(328.61 万亩),下降 10.1%;棉花播种面积 410.72 千公顷(616.08 万亩),增长 7.7%;油料播种面积 83.81 千公顷(125.72 万亩),下降 17.5%;甜菜播种面积 18.55 千公顷(27.83 万亩),下降 51.0%。种植业结构调整的力度明显加大,粮食、油料、甜菜等作物产量有不同程度的减少,棉花产量继续大幅度增加,棉花产量再创历史新高,棉花单产居全国前列。全年粮食总产 117.57 万吨,下降 11.9%;棉花总产 69.39 万吨,增长 13.3%;油料总产 14.97 万吨,下降 16.0%;甜菜总产 106.07 万吨,下降 33.9%。林果业得到长足发展。以西部大开发为契机,兵团积极参与西部生态建设,因地制宜实施了退耕还林(草)项目,成效显著。全年完成造林面积 13.40 千公顷(20.10 万亩),增长 16.4%。其中,退耕还林 1.98 千公顷(2.97 万亩),增长 8.2 倍;水果总产量 28.46 万吨,增长 21.4%。农业生产条件进一步改善。年末农业机械总动力 180.02 万千瓦,比上年增长 6.2%。大中型农用拖拉机 1.71 万台,增长 4.4%;小型拖拉机 2.23 万台,增长 7.9%;农用载重汽车 1843 辆,下降 9.7%;化肥施用量(折纯)29.01 万吨,增长 6.5%;农场用电量 10.78 亿千瓦小时,增长 3.3%。农田水利基础设施建设不断加强,年末有效灌溉面积达 999.45 千公顷(1499.18 万亩),增长 1.4%,其中滴灌面积 62.85 千公顷(94.28 万亩),微灌面积 15.62 千公顷(23.43 万亩)。

2001 年,经济体制改革进一步深化,团场及国有工交建商企业改革工作继续推进,活力不断增强。全面贯彻兵团深化农牧团场改革"1+3"文件和工交建商企业改革"1+8"文件精神,积极落实土地承包长期固定、"两扩大"和划分"两用地"等关键性改革政策措施取得较好成果。据不完全统计,土地承包固定面积达全部耕地面积的 70% 左右,比上年增长 20% 多。承包职工"两费自理"的比重达到 67.5%;生产资料自理金额 18.86 亿元,占生产资料总金额的 47%;两费自理率最高的师已接近 90%。租赁经营形式更加多样,实行租赁经营的人员达到 8.14 万人,共有家庭承包户 18.42 万个,其中家庭农场 16975 个,股份合作制小农场 50 个,规模经营的小农场占 9.24%。落实职工"两用地"划分政策取得实质性进展,自营经济发展加快。国民经济和社会发展中存在的主要问题是:改革相对滞后,经济生活中的深层次矛盾未得到根本解决,非国有经济比重仍然过小,科技创新能力及适应市场能力不强,经济结构不合理的矛盾依然突出,市场化、产业化水平低,新的经济增长点较少,经济发展总体效益不高。企业和职工负担较重,职工收入增长缓慢,部分企业职工生活比较困难。兵团各级党委及领导高度重视农业和农牧团场工作,大力调整生产结构,继续改善农业生产条件。面对严重自然灾害和农产品市场价格下跌的冲击,农业生产基本平稳,没有出现大的回落。全年实现农业总产值 130.01 亿元,比上年略有下降。种植业结构进一步调整。全年农作物播种面积 916.25 千公顷(1374.75 万亩),增长 0.7%。其中粮食作物播种面积 216.61 千公顷(324.92 万亩),下降 1.1%;棉花播种面积 452.61 千公顷(678.92 万亩),增长 10.2%;油料播种面积 54.88 千公顷(82.32 万亩),下降 34.5%;甜菜播种面积 27.60 千公顷(41.40 万亩),增长 48.8%。大宗农产品由于受结构调整的影响,粮、棉、油、甜四大作物占总播种面积的比重由上年的 24∶45∶9∶2变动为今年的 24∶50∶6∶3。全年粮食总产 117.35 万吨,下降 0.2%;棉花总产 63.89 万吨,下降 7.9%;油料总产 11.76 万吨,下降 21.5%;甜菜总产 158.03 万吨,增长 49.0%。林果业发展成效显著。积极参与西部生态建设,因地制宜实施退耕还林战略,启动了以香梨为主的"绿色"产业工程。全年完成造林面积 18.92 千公顷(28.38 万亩),增长 41.2%。其中退耕还林 4.96 千公顷(7.44 万亩),增长 150.5%。水果总产量 24.98 万吨,下降 12.2%。农业生产条件不断改善。年末兵团农业机械总动力 189.24 万千瓦,比上年增长 5.1%。大中型农用拖拉机 1.81 万台,增长 5.7%;小型拖拉机 2.49 万台,增长 11.7%;农用运输车 6591 辆,增长 27.1%;化肥施用量(实物量)65.83 万吨,增长 1.7%。农田水利基础设施建设进一步加强,年末有效灌溉面积达 1010.39 千公顷(1515.59 万亩),增长 1.1%,其中喷灌面积 65.42 千公顷(98.13 万亩),微灌面积 48.97 千公顷(73.46 万亩)。

2002年,经济体制改革进一步深化。在贯彻落实兵团“1+3”“1+8”改革文件中,农牧团场围绕扩大职工经营自主权和基层民主权的要求,土地长期固定政策和“两用地”划分政策基本落实。实行土地承包固定5~10年的面积达到31.13万公顷,固定10年以上的面积达到36.73万公顷。实行职工家庭承包经营14.54万户,租赁经营3.75万户,股份合作制小农场1114户,实行生产费自理的承包劳力达22万人,自理金额约21亿元。实行租赁经营的劳力7.4万人,交纳租金4.6亿元。国民经济和社会发展中存在的主要问题是:改革进程不平衡,对外开放力度不够,经济结构不合理的状况尚未得到根本性改变。经济效益不高,管理粗放依然突出。产业化水平较低,社会化服务体系还不健全,新兴产业发展不快,新经济增长点少,企业整体科技创新能力不高,经济增长缺乏新的动力。农场一线职工收入增长缓慢,部分企业职工生活困难,就业压力仍然较大。以市场为导向,大力调整农业内部结构,初步形成种植业、畜牧业、果蔬园艺业三足鼎立的格局,农业经济效益显著提高。全年实现农业总产值163.31亿元,比上年增长18.7%。全年农作物播种面积92.49万公顷(1387.29万亩),比上年增长0.9%。其中粮食作物播种面积22.19万公顷(332.79万亩),增长2.4%;棉花播种面积43.73万公顷(655.88万亩),下降3.4%;油料播种面积5.76万公顷(86.40万亩),增长4.9%;甜菜播种面积2.48万公顷(37.14万亩),下降10.3%。粮、棉、油、甜四大作物在总播种面积中的比重由上年的24:45:9:2变动为24:47:6:3。蔬菜播种面积4.69万公顷(70.35万亩),比上年增加1.4万公顷(21.05万亩),增长42.7%。全年粮食总产130.97万吨,增长11.6%;棉花总产79.61万吨,增长24.6%;油料总产13.17万吨,增长12.0%;甜菜总产146.51万吨,下降7.3%;蔬菜总产223.54万吨,增长74.1%。全年完成人工造林面积4.9万公顷(72万亩),比上年增长158.7%。其中退耕还林2.6万公顷(40.56万亩),增长4.3倍。水果生产获得丰收,总产量30.34万吨,增长21.4%。年末兵团农业机械总动力20.3亿瓦特,增长7.3%;大中型农用拖拉机1.87万台,增长3.4%;小型及手扶拖拉机2.71万台,增长8.9%;农用运输车8826辆,增长33.9%;联合收割机1422台,增长11.0%。农用化肥施用量(实物量)66.62万吨,增长1.2%。农场用电量11.89

亿千瓦时,增长9.2%。年末有效灌溉面积达97.22万公顷(1458.45万亩),下降3.8%。

2003年,是全面建设小康社会的开局之年。兵团广大干部职工以邓小平理论和"三个代表"重要思想为指导,认真贯彻落实党的十六大、十六届三中全会精神和兵团党委五届四次全委(扩大)会议精神,紧紧围绕"发展壮大兵团,致富职工群众"的工作目标,锐意进取,扎实工作,克服了非典疫情和多种自然灾害的影响,进一步加大改革开放力度、经济结构调整力度、管理力度和社会保障体系完善力度,国民经济保持了快速增长,经济运行质量进一步提高,各项社会事业稳步发展,职工生活进一步改善。2003年,经济体制改革继续深化。各师团狠抓农牧团场改革"1+3"文件的落实,围绕"经济上扩大职工经营权,政治上扩大基层民主"这个核心,促进了各项改革的深入推进。全兵团承包土地固定面有了较大的提高,已为25万户职工划分了自用地。有85%的连队实行了民主选举连队领导干部,团场和连队普遍实行了政务公开。国民经济和社会发展中存在的主要问题是:经济结构不尽合理,农业的基础地位不够稳固,产业化经营水平不高,工业化进程缓慢,投融资渠道比较狭窄,非公有制经济发展不快,职工生活水平有待进一步提高。大力调整和优化农业结构,积极推进农业产业化经营,克服多种灾害影响,农业生产丰产丰收。全年实现农业总产值224.26亿元,比上年增长6.4%。全年农作物播种面积91.2万公顷(1367.96万亩),比上年下降1.4%。其中粮食作物播种面积17.79万公顷(266.87万亩),下降19.8%;棉花播种面积45.36万公顷(680.39万亩),增长3.7%;油料播种面积6.91万公顷(103.59万亩),增长20%;甜菜播种面积1.94万公顷(29.13万亩),下降21.6%。粮食、棉花、油料、甜菜四大作物在总播种面积中的比重由上年的24∶47∶6∶3变动为20∶50∶8∶2。蔬菜播种面积4.63万公顷(69.5万亩),下降1.2%。全年粮食总产104.97万吨,下降19.8%;棉花总产81.17万吨,增长2.0%,棉花总产占全国的16.7%,占自治区的50.7%;油料总产17.21万吨,增长30.7%;甜菜总产119.16万吨,下降18.7%;蔬菜总产265.3万吨,增长18.6%。全年完成人工造林面积8.37万公顷(125.55万亩),比上年增长71.0%。其中退耕还林4.91万公顷(73.65万亩),增长

86.0%。水果生产获得丰收,总产量32.1万吨,增长5.8%。年末乡镇企业个数63928个,就业人员11.8万人,增长4.7%。实现增加值19.6亿元,增长7.4%;实现利税8.75亿元,增长5.0%。年末农业机械总动力22.1亿瓦特,增长8.9%。大中型农用拖拉机1.95万台,增长4.1%;小型及手扶拖拉机3.04万台,增长12.0%;农用载重车10316辆,增长16.9%;农场用电量12.64亿千瓦时,增长6.3%。年末有效灌溉面积97.11万公顷(1456.7万亩)。全年农田水利总投入22.13亿元,其中基建投资11.75亿元。现有水库113座,总库容31.47亿立方米;机电井9954眼,比上年增加183眼,机电井可提水能力345.03立方米/秒;建引水闸88座,增加3座;堤防建设长度达到1869公里,增加308公里。水利工程供水量123.63亿立方米,增加7.47亿立方米,其中农业供水120.89亿立方米;灌溉渠道总长98530公里,其中已防渗渠道25631公里。

2004年,是兵团五十周年华诞。兵团广大干部职工以邓小平理论和"三个代表"重要思想为指导,认真贯彻落实党中央、国务院加强和改善宏观调控的各项政策,紧紧围绕兵团党委"发展壮大兵团、致富职工群众"的工作目标,经济生活中的一些不稳定不健康因素得到抑制,薄弱环节得到加强,经济建设和各项社会事业取得新进展,实现了经济和社会发展的主要预期目标。国民经济较快增长,运行质量明显提高,经济活力进一步增强;结构调整取得积极进展,各项改革稳步推进;科技、教育、文化、卫生、体育等社会事业取得新成绩,职工群众生活环境明显改善,生活水平有新的提高。2004年,经济体制改革继续深化,农牧团场改革"1+3"文件得到全面贯彻。2004年底,全兵团承包土地固定面积达80.6%,22.3万户职工划分了两用地,96%的连队实行了民主选举连队领导干部,团场和连队普遍实行了政务公开。国民经济和社会发展中存在的主要问题是:农业和农工增收的基础仍不稳固,工业化进程缓慢,产业结构层次低、行业发展不均衡,投融资渠道比较狭窄,非公有制经济发展不快,部分职工生活还比较困难,就业和社会保障任务较重。农业生产克服多种灾害及棉花等主要农产品价格下降的不利影响,实现丰产丰收。全年完成农业总产值239.45亿元,增长11.2%。农作物种植结构继续调整,"三足鼎立"发展势头良好。全年农作物播种面积95.39万公顷(1430.90

万亩),比上年增长4.6%。其中粮食种植面积20.38万公顷(305.64万亩),增长14.5%;棉花种植面积47.21万公顷(708.11万亩),增长4.1%;油料种植面积5.70万公顷(85.52万亩),下降17.4%;甜菜种植面积1.89万公顷(28.37万亩),下降2.6%。粮、棉、油、甜四大作物播种面积构成由去年的20∶50∶7∶2调整为21∶49∶6∶2。蔬菜种植面积5.67万公顷(85.10万亩),增长22.4%。其中,工业用番茄种植面积3.63万公顷(54.44万亩),增长34.3%;工业用辣子种植面积0.36万公顷(5.47万亩),增长9.1%。粮食生产实现恢复性增长,棉花、水果、蔬菜等农产品产量大幅度增加,其中棉花产量再创历史新纪录。全年完成人工造林面积3.80万公顷,比上年下降54.6%。其中退耕还林1.70万公顷,下降65.5%。年末农业机械总动力23.29亿瓦特,增长5.4%。大中型农用拖拉机2.01万台,增长2.9%;小型拖拉机3.39万台,增长11.4%;农用排灌机械2.01万台,增长24.0%;农场用电量13.85亿千瓦时,增长9.6%。年末有效灌溉面积97.41万公顷(1461.15万亩),节水灌溉面积53.91万公顷(809万亩)。全年农田水利总投入23.73亿元,其中基建投资23.46亿元。现有水库114座,总库容31.51亿立方米;机电井10590眼,比上年增加636眼,机电井可提水能力299.03立方米/秒;修建引水闸90座,增加2座;堤防建设长度2104公里,增加238公里。水利工程供水量120.6亿立方米,其中农业供水117.56亿立方米。灌溉渠道总长99375公里,其中已防渗渠道26657公里。

2005年,兵团广大干部职工在兵团党委的正确领导下,以邓小平理论和“三个代表”重要思想为指导,认真贯彻党的十六大、十六届五中全会精神,以开展保持共产党员先进性教育活动为动力,全面落实科学发展观,紧紧围绕兵团党委“发展壮大兵团、致富职工群众”的工作目标,积极推进全面建设小康社会进程,国民经济继续保持较快增长,各项社会事业全面进步,职工群众生活水平稳步提高,实现了兵团国民经济和社会发展的预期目标。2005年,体制改革继续深化,修订完善并正式印发了“1+3”文件和“1+8”文件,团场经济体制改革、民主政治建设及国有企业改革不断推进。年末全兵团承包土地固定面积达85.7%,23.90万户职工划分两用地,团场、企业、事业单位实行团(企)务公开率达到100%。国民经济和社会发展中存在的主要问题是:结构性矛盾仍然突出,农业产业化经营还处于起步阶段,工业基础薄弱,产业集中度不高,新兴服务业发展缓慢,投融资渠道单一,非公有制经济发展不充分,基础性条件相对滞后。全年完成农业总产值 273.52 亿元,增长 9.1%。农作物种植结构继续调整。全年农作物播种面积 98.58 万公顷(1478.70 万亩),比上年增长 3.3%。其中,粮食种植面积 22.80 万公顷(342.06 万亩),增长 11.9%;棉花种植面积 47.17 万公顷(707.61 万亩),下降 0.1%;油料种植面积 4.65 万公顷(69.74 万亩),下降 18.5%;甜菜种植面积 2.05 万公顷(30.81 万亩),增长 8.6%。粮、棉、油、甜四大作物播种面积构成由去年的 21∶49∶6∶2 调整为 23∶48∶5∶2。粮食、棉花、甜菜、水果等主要农产品产量大幅增加,棉花产量创历史新纪录。全年完成人工造林面积 2.18 万公顷,比上年下降 42.5%。其中退耕还林 0.97 万公顷,下降 42.9%。年末农业机械总动力 249.30 万千瓦,增长 7.0%。大中型农用拖拉机 2.12 万台,增长 5.8%;小型拖拉机 3.43 万台,增长 1.3%;农用排灌机械 2.07 万台,增长 3.0%;农场用电量 16.01 亿千瓦时,增长 15.6%。年末有效灌溉面积 99.44 万公顷(1491.60 万亩),增长 2.1%。全年农田水利总投入 22.34 亿元,其中基建投资 19.82 亿元。现有水库 114 座,总库容 31.63 亿立方米;机电井 10793 眼,比上年增加 203 眼,机电井可提水能力 352 立方米/秒;修建引水闸 91 座;堤防建设长度 2138 公里。水利工程供水量 123.7 亿立方米,其中农业供水 120.6 亿立方米。灌溉渠道总长 10.05 万公里,其中已防渗渠道 2.79 万公里。

2006 年是实施“十一五”规划的开局之年。兵团广大干部职工以邓小平理论和“三个代表”重要思想为指导,全面落实科学发展观,认真贯彻兵团党委新型工业化、农业产业化和屯垦戍边新型团场工作会议精神,努力构建和谐兵团,国民经济持续快速健康发展,职工群众生活水平稳步提高,各项社会事业全面进步,为完成“十一五”发展目标奠定了坚实的基础。2006 年,兵团党委以减轻职工负担为切入点,加大了团场改革力度。进一步完善并出台了“1+3”文件补充意见,明确团场和职工两个主体地位;团场机关在职人员减少 26.9%,团场全部实行预算管理;团场承包职工除自身受益的社会保障“五项统筹”费用外,土地承包费平均每亩减少22.07元,完成了年初确定的10%的减负目标。国民经济和社会发展中存在的主要问题是:结构性矛盾仍然突出,农产品加工程度低,工业总量小,对经济发展支撑作用有限,新兴服务业发展缓慢,投融资渠道单一,非公有制经济发展不充分,基础性条件相对滞后。全年完成农业总产值308.12亿元,增长13.4%。农作物播种面积99.77万公顷(1496.60万亩),比上年增长1.2%。其中,粮食种植面积22.05万公顷(330.80万亩),下降3.3%;棉花种植面积48.80万公顷(732.02万亩),增长3.4%;油料种植面积3.56万公顷(53.36万亩),下降23.5%;甜菜种植面积2.82万公顷(42.24万亩),增长37.1%。粮食、棉花、甜菜、水果等主要农产品产量大幅增加,棉花产量突破百万吨,达到110.82万吨。年末农业机械总动力270.60万千瓦,增长8.5%。大中型农用拖拉机2.31万台,增长9.0%;小型拖拉机3.60万台,增长4.9%;农用排灌机械2.22万台,增长7.2%;农场用电量18.47亿千瓦时,增长15.4%。年末有效灌溉面积99.38万公顷(1490.51万亩),与上年基本持平。水利基本建设总投资30.45亿元,比上年增加8.11亿元。现有水库125座,总库容32.45亿立方米;机电井11305眼,比上年增加602眼,机电井可供水能力15.71亿立方米,全年实际供水14.29亿立方米;修建引水闸109座;堤防建设长度2190千米;水利工程可供水能力142.51亿立方米,全年实际供水量125.55亿立方米,其中农业灌溉121.20亿立方米;万亩以上灌区83处,万亩以上灌区输水干、支、斗渠总长43036千米,其中已防渗23915千米。

2007年,兵团广大干部职工认真贯彻落实胡锦涛总书记、温家宝总理视察新疆及兵团工作时的重要讲话精神,紧紧围绕兵团党委五届九次全委(扩大)会议确定的各项工作目标,深入落实科学发展观,不断解放思想,深化改革,国民经济和社会事业保持了又好又快发展,全面建设小康社会步伐进一步加快。2007年,农牧团场以"团场基本经营制度+其他配套制度+管理"为基本框架的体制逐步建立。农牧团场中25个边境团场和其他41个团场职工除自身受益部分外,在定额承包面积内实现零负担。当前,兵团国民经济和社会发展的主要矛盾体现在:结构性矛盾与区域发展不平衡仍然突出;城乡居民收入增加主要依赖于政策性调资和减负,增收渠道不宽;物价上涨过快;节能降耗任务艰巨。全年完成农业总产值341.52亿元,比上年增长7.6%。农作物播种面积1040.94千公顷(1561.41万亩),增长0.8%。其中,粮食作物种植面积166.97千公顷(250.46万亩),下降11.6%;棉花种植面积613.06千公顷(919.59万亩),增长4.2%;油料种植面积39.93千公顷(59.90万亩),增长2.1%;甜菜种植面积27.55千公顷(41.33万亩),增长4.5%。农作物精量半精量播种面积749.29千公顷(1123.94万亩),其中棉花精量播种面积434.44千公顷(651.66万亩),节水灌溉面积553.33千公顷(830万亩),农作物种子包衣面积714.01千公顷(1071.02万亩),测土配方施肥面积398.75千公顷(598.12万亩)。全年完成人工造林作业面积12.36千公顷,退耕还林合格面积1.41千公顷。水利基本建设总投资27.96亿元,比上年下降8.2%。现有水库125座,总库容32.73亿立方米;机电井12418眼,实际可供水能力20.11亿立方米;修建水闸114座,堤防建设长度2275千米。水利工程可供水能力162.99亿立方米。

2008年,兵团广大干部职工在兵团党委、兵团的正确领导下,以邓小平理论和"三个代表"重要思想为指导,深入贯彻落实科学发展观,面对复杂多变的国际国内形势,迎难而上,奋力拼搏,国民经济继续保持较快增长,各项社会事业取得新的成绩。2008年,团场基本确立了以土地承包经营、产权明晰到户、农资集中采供、产品订单收购为主要内容的基本经营制度,初步形成既适应社会主义市场经济发展要求又具有兵团特点、能充分发挥职工积极性和团场优势的双层经营体制。兵团国民经济和社会发展中存在的主要问题:结构性矛盾突出,增长方式转变不快;受国际金融危机影响,经济下行压力加大;职工增收、团场增效困难增加;重点领域和关键环节的改革不够深入。全年完成农业总产值385.41亿元,比上年增长10.1%。农作物播种面积1068.90千公顷(1603.35万亩),增长2.7%。其中,粮食作物种植面积225.96千公顷(338.94万亩),增长35.5%;棉花种植面积563.16千公顷(844.74万亩),下降8.1%;油料种植面积72.00千公顷(108.00万亩),增长80.3%;甜菜种植面积24.44千公顷(36.66万亩),下降11.3%。农作物精量半精量播种面积789.68千公顷(1184.52万亩),比上年增长5.4%。其中棉花精量半精量播种面积520.33千公顷(780.50万亩),增长3.3%;高新节水灌溉面积613.33千公顷(920万亩),增长10.8%;农作物种子包衣面积813.45千公顷(1220.17万亩),增长13.9%;测土配方施肥面积386.33千公顷(579.50万亩),增长22.0%。国家级和兵团级重点龙头企业61家,当年新增13家,其中国家级11家,当年新增3家。龙头企业带动农户39万户,销售收入过10亿元的企业有8家。全年农业机械总动力318.32万千瓦,比上年增长4.9%。全年完成人工造林作业面积14.27千公顷(21.41万亩),退耕还林面积2.35千公顷(3.53万亩)。全年水利建设项目完成总投资26.51亿元,比上年减少1.45亿元,其中完成国家投资10.64亿元,比上年增加2.87亿元。拥有水库125座,总库容32.73亿立方米;机电井12892眼,实际可供水能力21.88亿立方米;修建水闸114座,堤防建设长度2374.57千米。水利工程可供水能力170.34亿立方米。

2009年,兵团广大干部职工在兵团党委、兵团的正确领导下,以邓小平理论和"三个代表"重要思想为指导,认真贯彻党的十七大和十七届三中、四中全会精神,深入贯彻落实科学发展观,全面落实兵团党委六届二次全委(扩大)会议各项工作部署,积极应对国际金融危机冲击,努力克服乌鲁木齐"7·5事件"不利因素影响,国民经济保持了平稳较快增长,社会事业取得新的成绩。2009年,国家级和兵团级农业产业化重点龙头企业61家,其中国家级11家。龙头企业带动农户39万户,销售收入过10亿元的企业有8家。全年完成农业总产值434.00亿元,比上年增长7.0%。实现农业增加值204.73亿元,增长7.0%。农作物播种面积1107.70千公顷(1661.55万亩),增长3.6%。其中,粮食作物种植面积307.09千公顷(460.64万亩),增长35.9%;棉花种植面积487.85千公顷(731.78万亩),下降13.4%;油料种植面积68.72千公顷(103.08万亩),下降4.5%;甜菜种植面积20.30千公顷(30.45万亩),下降16.9%;蔬菜种植面积(含菜用瓜)73.84千公顷(110.76万亩),增长31.2%。农作物精量半精量播种面积759.80千公顷(1139.70万亩),比上年下降3.8%,其中棉花精量播种面积386.45千公顷(579.68万亩),下降25.7%。棉花机械采收面积115.67千公顷(173.51万亩),测土配方施肥面积675.47千公顷(1013.21万亩)。有效灌溉面积1093.99千公顷(1640.98 万亩)。高新节水灌溉面积 652.92 千公顷(979.39 万亩),其中当年新增 46.28 千公顷(69.42 万亩)。全年棉花产量 113.43 万吨,比上年下降 13.6%;粮食产量 211.73 万吨,增长 48.8%;油料产量 18.63 万吨,增长 10.1%;甜菜产量 145.33 万吨,下降 8.1%。全年人工造林作业面积 17.35 千公顷(26.02 万亩),无林地和疏林地新封面积 5.13 千公顷(7.70 万亩)。全年农业机械总动力 338.56 万千瓦,比上年增长 6.4%。年末拥有水库 125 座,总库容 32.87 亿立方米。机电井 14629 眼,提水量 21.47 亿立方米。修建水闸 114 座,堤防建设长度 2442.61 千米。水利工程供水量 115.13 亿立方米。

2010 年,兵团广大干部职工在兵团党委、兵团的正确领导下,以邓小平理论和“三个代表”重要思想为指导,深入贯彻落实科学发展观,全面落实兵团党委六届五次、六次全委(扩大)会议各项工作部署,紧紧抓住中央新疆工作座谈会支持新疆和兵团大建设、大开放、大发展的千载难逢机遇,求真务实,开拓进取,综合实力跨上新台阶,职工生活达到新水平,社会各项事业取得新进步。2010 年,国家级和兵团级农业产业化重点龙头企业 68 家,其中国家级 11 家。龙头企业带动农户 40 万户,销售收入过 10 亿元的企业有 12 家。全年完成农业总产值 569.28 亿元,比上年增长 7.2%。农作物播种面积 1119.20 千公顷(1678.80 万亩),增长 1.0%。其中,粮食种植面积 284.69 千公顷(427.04 万亩),下降 9.3%;棉花种植面积 497.98 千公顷(746.97 万亩),增长 2.1%;油料种植面积 67.78 千公顷(101.67 万亩),下降 1.4%;甜菜种植面积 25.52 千公顷(38.28 万亩),增长 25.8%;蔬菜种植面积(含菜用瓜)79.68 千公顷(119.52 万亩),增长 7.9%。农作物精量半精量播种面积 708.93 千公顷(1063.39 万亩),比上年下降 6.7%,其中棉花精量播种面积 364.53 千公顷(546.80 万亩),下降 5.7%。测土配方施肥面积 618.67 千公顷(928.01 万亩)。有效灌溉面积 1067.27 千公顷(1600.90 万亩)。高新节水灌溉面积 682.16 千公顷(1023.24 万亩),其中当年新增 29.23 千公顷(43.58 万亩)。全年棉花产量 115.01 万吨,比上年增长 1.4%;粮食产量 213.64 万吨,下降 1.7%;油料产量 18.62 万吨,与上年持平;甜菜产量 181.66 万吨,增长 25.0%。全年人工造林作业面积 14.41 千公顷(21.61 万亩),下降 16.9%,无林地和疏林地新封面积 5.33 千公顷(8.00 万亩),增长 3.9%。全年农业机械总动力 369.33 万千瓦,比上年增长 9.1%。年末拥有飞机 29 架,全年总飞行时间 5482 小时,起落 4218 架次,其中用于农林牧业飞行 3320 小时,起落 3777 架次;工业飞行 1805 小时,起落 441 架次。全年完成作业面积 989.19 千公顷(1483.78 万亩)。年末拥有水库 125 座,总库容 32.78 亿立方米。机电井 15643 眼,提水量 22.67 亿立方米。修建水闸 114 座,堤防建设长度 2477.96 千米。水利工程供水量 125.59 亿立方米。

2011 年,在兵团党委、兵团的正确领导下,兵团上下深入贯彻落实中央新疆工作座谈会和兵团党委六届六次全委(扩大)会议精神,以科学发展为主题,以加快转变经济发展方式为主线,积极有效应对复杂多变的经济形势,加快推进"三化"建设,实施"十件实事",加强基础设施、重点产业和民生建设,国民经济继续保持平稳较快发展,各项社会事业全面进步,实现了"十二五"良好开局。2011 年,有国家级和兵团级农业产业化重点龙头企业 69 家,其中,国家级 15 家。龙头企业带动农户 42 万户。销售收入过 10 亿元的企业有 12 家。全年完成农业总产值 675.85 亿元,比上年增长 9.4%。全年农作物播种面积 1114.08 千公顷(1671.12 万亩),下降 0.5%。其中,粮食种植面积 252.34 千公顷(378.51 万亩),下降 11.4%;棉花种植面积 534.62 千公顷(801.93 万亩),增长 7.4%;油料种植面积 63.33 千公顷(94.99 万亩),下降 6.6%;甜菜种植面积 27.27 千公顷(40.90 万亩),增长 6.8%;蔬菜种植面积(含菜用瓜)84.43 千公顷(126.64 万亩),增长 6.0%。农作物精量半精量播种面积 777.30 千公顷(1165.95 万亩),比上年增长 9.6%,其中棉花精量播种面积 446.39 千公顷(669.59 万亩),增长 22.5%。测土配方施肥面积 802.00 千公顷(1203.00 万亩),增长 29.6%。有效灌溉面积 1091.49 千公顷(1637.24 万亩)。高新节水灌溉面积 727.74 千公顷(1091.61 万亩),其中当年新增 45.58 千公顷(68.37 万亩)。全年棉花产量 129.31 万吨,比上年增长 12.4%;粮食产量 167.29 万吨,下降 21.7%;油料产量 17.87 万吨,下降 4.0%;甜菜产量 205.92 万吨,增长 13.4%。全年农业机械总动力 396.26 万千瓦,比上年增长 7.3%。

2012年，在兵团党委、兵团的正确领导下，围绕迎接党的十八大召开和学习贯彻十八大精神，兵团各级认真落实中央要求和自治区党委部署，深入推进跨越式发展和长治久安，按照“稳中求进、进中求快、又好又快”的工作要求，积极主动变化变革、扩大对外开放，全力推进“三化”进程，重点加强基础设施、重点产业和民生工程建设。兵团经济持续快速发展，职工生活不断改善，综合实力进一步提升。2012年，标准化果园面积30万亩，国家级园艺作物标准园6个。规模化标准化养殖场(区)3994个，其中，大型规模养殖场516个，全国标准化示范场43个。兵团各级农业产业化龙头企业393个，其中，国家级15家，兵团级65家；销售收入过10亿元的有13家。龙头企业带动农户1.95万户。全年农作物播种面积1130.15千公顷(1695.23万亩)，增长1.4%。其中，粮食种植面积274.60千公顷(411.91万亩)，增长8.8%；棉花种植面积557.97千公顷(836.96万亩)，增长4.4%；油料种植面积53.57千公顷(80.35万亩)，下降15.4%；甜菜种植面积29.91千公顷(44.87万亩)，增长9.7%；蔬菜种植面积(含菜用瓜)68.25千公顷(102.38万亩)，下降19.2%。农作物精量半精量播种面积819.13千公顷(1228.69万亩)，比上年增长5.4%，其中棉花精量播种面积449.53千公顷(674.30万亩)，增长0.7%。测土配方施肥面积842.67千公顷(1264.00万亩)，增长5.1%。有效灌溉面积1085.38千公顷(1628.07万亩)，其中高新节水灌溉面积770.04千公顷(1155.06万亩)。全年粮食产量187.13万吨，比上年增长11.9%；棉花产量141.77万吨，增长9.6%；油料产量13.57万吨，下降24.1%；甜菜产量216.25万吨，增长5.0%。农业机械总动力424.36万千瓦，比上年增长7.1%。“三品一标”(即有机农产品、无公害农产品、绿色食品和农产品地理标志)认证产品累计数量237个，其中无公害农产品认定140个，产地面积450万亩。58个团场和企业被农业部批准为农产品质量追溯创建单位，4个团场被批准命名为“全国食品原料标准化生产示范基地”，91个农产品被评为中国和新疆名牌或驰名商标。

2013年，在党中央、国务院的正确领导下，在自治区党委、政府的支持和对口支援省市的大力援助下，面对国际国内复杂严峻的经济形势，兵团上下深入贯彻党的十八大和中央经济工作会议精神，按照兵团党委六届十一次全委(扩大)会议总体部署，把握"稳中求进、进中求快、又好又快"工作总基调，围绕"两个率先、两个力争"目标，积极作为、求真务实，着力转方式、调结构、促增长、惠民生，抓改革、保稳定，经济社会继续保持了平稳快速发展态势。2013 年，兵团各级农业产业化龙头企业 410 个。其中，国家级 15 家，兵团级 65 家，销售收入过 10 亿元的有 7 家。龙头企业带动种植面积 840 万亩、牲畜饲养量 509 万头、禽类饲养量 578 万只、养殖水面面积 10 万亩，带动团场和农村农户近 100 万户。已建成 1 个全国农业产业化示范基地，2 个全国现代农业示范区，4 个全国农产品加工示范基地，18 个全国"一村一品"示范团场，23 个国家级无公害农产品示范基地和国家级农业标准化示范农场，示范面积 150 余万亩。全年农作物播种面积 1174. 12 千公顷(1761. 18 万亩)，增长 3. 9%。其中，粮食种植面积 271. 35 千公顷(407. 01 万亩)，增长 1. 2%；棉花种植面积 590. 81 千公顷(886. 21 万亩)，增长 5. 9%；油料种植面积 50. 45 千公顷(75. 68 万亩)，下降 5. 8%；甜菜种植面积 26. 57 千公顷(39. 87 万亩)，下降 11. 1%；蔬菜种植面积(含菜用瓜)77. 58 千公顷(116. 36 万亩)，增长 13. 7%。作物精量半精量播种面积 857. 20 千公顷(1285. 80 万亩)，比上年增长 4. 6%。其中，棉花精量播种面积 515. 59 千公顷(773. 38 万亩)，增长 14. 7%。测土配方施肥面积 682. 33 千公顷(1023. 50 万亩)，增长 21. 1%。有效灌溉面积 1117. 34 千公顷(1676. 01 万亩)，其中高新节水灌溉面积 831. 53 千公顷(1247. 30 万亩)。全年粮食产量 206. 30 万吨，比上年增长 10. 2%；棉花产量 146. 52 万吨，增长 3. 3%；油料产量 17. 15 万吨，增长 26. 4%；甜菜产量 216. 54 万吨，增长 0. 1%。

2014 年，在党中央重视关怀和自治区党委统一领导下，在援疆省市无私援助下，面对国际国内复杂严峻的经济形势，兵团上下深入贯彻党的十八大、十八届三中、四中全会和第二次中央新疆工作座谈会精神，按照兵团党委六届十二、十三次全委(扩大)会议总体部署，着眼新疆社会稳定和长治久安总目标，坚持稳中求进、改革创新、提质增效，着力深化改革、扩大开放、改善民生、维护社会大局和谐稳定，统筹推进各项工作，经济社会保持持续健康发展。2014 年，年末各级农业产业化龙头企业 476 个。其中，国家级 15 家，兵团级 90 家，销售收入过 10 亿元的有 18

家。龙头企业带动种植面积1061千公顷(1592万亩)、牲畜饲养量513万头、禽类饲养量1068万只、养殖水面面积8.7千公顷(13万亩),带动团场和农村农户近126万户。已建成1个全国农业产业化示范基地,4个全国现代农业示范区,4个全国农产品加工示范基地,24个全国"一村一品"示范团场。全年农作物播种面积1327.85千公顷(1991.78万亩)。其中,粮食种植面积279.15千公顷(418.73万亩),增长2.9%;棉花种植面积700.57千公顷(1050.85万亩);油料种植面积53.52千公顷(80.28万亩),增长6.1%;甜菜种植面积23.89千公顷(35.84万亩),下降10.1%;蔬菜种植面积(含菜用瓜)81.21千公顷(121.81万亩),增长16.2%。作物精量半精量播种面积893千公顷(1339.5万亩),比上年增长5.8%。其中,棉花精量播种面积519.1千公顷(778.7万亩),增长0.6%。测土配方施肥面积860千公顷(1290万亩),增长26.0%。有效灌溉面积1206.91千公顷(1810.36万亩),其中高新节水灌溉面积940.12千公顷(1410.18万亩)。全年粮食产量222.89万吨,比上年增长8.0%;棉花产量163.61万吨,增长11.7%;油料产量16.99万吨,下降0.9%;甜菜产量203.57万吨,下降6.0%。种植业耕、种、收综合机械化率93%。采棉机1720台,机采棉面积453千公顷(680万亩),棉花机采率65%。畜牧业机械化水平70%,林果业机械化水平54%,设施农业机械化水平36%。

2015年,在党中央、国务院重视关怀和自治区党委统一领导下,兵团党委、兵团团结带领广大职工群众,认真贯彻落实党的十八大、十八届三中、四中、五中全会和第二次中央新疆工作座谈会精神,按照兵团党委六届十四次全委(扩大)会议总体部署,围绕维护新疆社会稳定和长治久安总目标,坚持稳中求进、改革创新、提质增效总基调,积极应对经济下行压力挑战,有针对性加强经济运行调控,着力稳增长、调结构、促改革、惠民生,兵团经济在新常态下平稳运行,结构调整逐步优化,改革开放不断深化,民生事业持续进步,经济社会发展迈上新台阶,实现了"十二五"圆满收官。全年农作物播种面积1352.90千公顷(2029.36万亩),比上年增长1.9%。其中,粮食面积322.47千公顷(483.71万亩),增长15.5%;棉花面积629.49千公顷(944.23万亩),下降10.1%;油料面积57.46千公顷(86.19万亩),增长7.4%;甜菜面积20.99千公顷(31.48万亩),下降12.1%;蔬菜面积(含菜用瓜)87.65千公顷(131.48万亩),增长7.9%。作物精量半精量播种面积924.60千公顷(1386.90万亩),比上年增长3.5%。其中,棉花精量播种面积566.00千公顷(849.00万亩),增长9.0%。测土配方施肥面积973.33千公顷(1460.00万亩),增长13.0%。全年粮食产量265.37万吨,比上年增长19.1%;棉花产量146.53万吨,下降10.4%;油料产量19.32万吨,增长13.7%;甜菜产量184.41万吨,下降9.4%;蔬菜产量682.07万吨,增长10.9%,其中工业用番茄396.91万吨,增长5.9%。全年园林水果产量348.91万吨,比上年增长26.1%。其中,红枣161.86万吨,增长23.7%;葡萄86.72万吨,增长39.0%;香梨32.69万吨,增长31.1%;苹果46.64万吨,增长20.8%。全年核桃产量2.03万吨,增长30.1%。有效灌溉面积1212.68千公顷(1819.02万亩),比上年增长0.5%。其中,高新节水灌溉面积973.83千公顷(1460.75万亩),增长3.6%。种植业耕种收综合机械化率93.1%。采棉机1820台,机采棉面积433.33千公顷(650.00万亩),棉花机采率68.9%。畜牧业机械化水平73.0%。年末各级农业产业化龙头企业477个。其中,国家级15家,兵团级92家,销售收入超100亿元的企业2家,超30亿元的企业3家,超10亿元的18家。已建成2个全国农业产业化示范基地,4个全国现代农业示范区,23个国家级无公害农产品示范基地和国家级农业标准化示范农场,31个全国"一村一品"示范团场。[作者说明:第一部分"兵团土地政策与土地流转发展态势"主要情况和数据来自《新疆生产建设兵团统计年鉴》(2000—2015);少数情况和数据来自《新疆生产建设兵团国民经济和社会发展统计公报》(2001—2015)。课题组仅对官方数据进行了梳理和罗列,作为基础水平的资料整理型研究部分。]

二、兵团土地流转近况

根据兵团经济研究所团场部学者黄福江老师主持的兵团土地承包经营权流转调研组的初步调研统计,截至2015年初,兵团现有14个师,176个农牧团场,辖区总面积7.06万平方公里,耕地1244.77千公顷,总人口270.14万,占新疆总人口的 11. 9%。2014 年兵团团场土地承包总面积 1538. 6 万亩，土地承包总人数 341200 人，人均承包面积 45. 1 亩；承包职工 267013 人，职均承包面积 57. 62 亩；定额地面积 860. 49 万亩，职均定额地面积 32. 23 亩。

其中，兵团土地流转面积达到 86. 04 万亩，占承包土地面积的 5. 59%；流转土地职工 30604 人，占土地承包职工总人数的 11. 46%。其中，大田劳动力转移到二、三产业就业 12821 人，占土地承包职工总数的 4. 8%；土地流转收益亩均大约 500 元。六师是兵团所有师市集体所有制土地流转最多的师，2014 年土地承包经营权流转面积达 100339. 12 亩，占到其集体总耕地面积的 30%。

目前，兵团团场土地承包经营权流转中最普遍的方式是转包，这种方式占到了土地承包经营权流转的 90% 以上。其次是出租和互换，所占比例在 10% 以下。入股方式在兵团难以具体操作。而转卖、转让这两种流转方式在兵团被坚决禁止。根据 2014 年统计，兵团团场土地承包经营权流转对象主要有团场职工、非兵团职工、团场或国有经营公司、合作社、其他公司。其中，流转给团场职工的面积是 106064. 8 亩，占土地流转总面积的 57. 57%，所占比例最大，职工是土地承包经营权流转主要对象；流转给非职工的面积是 170766. 93 亩，占土地流转总面积的 19. 5%；流转给团场或国有经营公司的面积是 106064. 8 亩，占土地流转总面积的 12. 33%；流转给合作社的面积是 61071. 97 亩，占土地流转总面积的 7%；流转给其他公司的面积是 30933. 08 亩，占土地流转总面积的 3. 6%。土地承包经营权流转给自然人（职工和非职工）的比例合计是 77. 07%，即兵团土地承包经营权主要流转到自然人手中，流转给其他经济组织的只占 22. 93%。（作者说明：第二部分“兵团土地流转近况”全部数据，引自兵团经济研究所团场部学者黄福江老师主持的兵团土地承包经营权流转调研组的调研统计数据。因为本课题组仅作局部调研，因此，宏观数据，采用转引其他专家学者课题数据的方法。详细参见：黄福江《兵团土地承包经营权流转存在的问题及其规范建议》，发表于《新疆农垦经济》，2015/04）。

三、兵团土地承包经营权的法律性质

首先是农村土地承包权与农村土地承包经营权的区别。

农村土地承包权是指农村集体经济组织成员享有依法承包由本集体经济组织发包的农村土地的权利。农村土地承包经营权是指土地承包经营权人依法对其承包经营的耕地、林地、草地享有占有、使用和收益的权利。农村土地承包经营权属于物权中的用益物权。二者的区别主要表现在以下几方面:一是权利性质不同。土地承包权属于农村集体组织成员权利中的一部分。土地承包经营权属于民事权利中的物权,具有排他性。二是取得时间不同。土地承包权自取得该集体组织成员的身份而取得,直接的依据是农村集体户口。土地承包经营权自土地承包经营权合同生效时设立,依据是承包合同。三是救济方式不同。土地承包权受到侵犯时,不能通过仲裁或者诉讼的方式解决,而应向有关的行政部门申诉。而土地承包经营权纠纷既可以通过仲裁方式也可以通过诉讼方式解决。但是在实际的案例中,也有法院受理如村集体中妇女的土地承包权受到侵害之类的案件。事实上,土地承包权受到侵害的案件本身也是民事纠纷的一类,法院也不应拒之门外。《最高院关于审理涉及农村土地承包纠纷案件适用法律问题的解释》第一条第二款的规定有待商榷。四是权利期限不同。承包权的起止时间是具有该集体组织成员的身份时起到该集体组织成员身份丧失之日止。承包经营权的期限依据承包方式的不同而有以下两种:家庭方式承包的经营权从承包合同生效之日起,期限是耕地三十年,草地为三十年至五十年,林地为三十年至七十年,特殊林地经林业部批准可以延长;其他方式承包合同的经营权从承包合同生效之日起,权利期限依据合同约定,其中耕地最长不得超过五十年,其他土地不得超过法律规定的上限。五是权利放弃的标准不同。承包权的放弃主要表现为不参加土地承包,明确放弃与村集体签订土地承包合同的权利;承包经营权的放弃要以承包人提前半年书面通知为准,否则村委会不得随便收回承包地。法律对承包经营权放弃与收回的法律条件规定较为严格。六是继承方面的区别。承包权直接的依据是农村集体户口,承包权人的子女应落入父母户口所在地的村集体,因此当然成为村集体成员,也当然地具有农村土地承包权。简而言之,承包权的得与失只与村集体成员资格有关。而承包经营权则因其具有家庭承包方式和其他承包方式,而表现出一定的复杂性。家庭承包方式的经营权是不能继承的,但是在承包期内，如果承包人死亡，则其同一户口上的其他人可以继续耕种。但是承包的林地在合同期内可以继承，而以其他方式承包的经营权，承包期内是可以继承的。七是权利内容的不同。承包权主要包括：承包土地的权利、其他承包方式的优先权。承包经营权的内容主要包括：占有、使用、收益权。

土地承包经营权的法律性质，历来有债权说和物权说两种。

近年来，有观点认为土地承包经营权为债权。其主要理由如下：一是从土地承包经营权的连带性上看，土地承包经营权连带于联产承包，不是一个独立的物权。"联产"意味着承包人必须达到"承包指标"，发包人对作为承包经营权标的物的土地，仍有相当大的支配力，二是从承包人与土地所有者的关系上看，联产承包合同关系是发包人与承包人之间的内部关系，因此而取得的承包权实际上只有对人而无对地的效力。三是从土地承包经营权转让的条件来看，承包人不能自主转让承包权，而须经发包人同意，这种转让方式完全是普通债权的转让方式。四是依民法通则第八十条第二款，就会出现土地所有权上设定土地使用权，又在土地使用权上设定土地承包经营权的梯次结构，这时的土地承包经营权是否物权，不无疑问。五是在土地转包关系中，转包人取得的权利也是土地承包经营权。若该权利性质为物权，这显然违背一般物权法原理；若为债权，则立法上和实践上不得不区别物权性质的土地承包经营权和债权性质的土地承包经营权。

另有大多数学者认为土地承包经营权是一种用益物权性质的民事权利。但理由不尽相同。一是承包经营权表现为对土地等物的直接支配的权利。承包人基于承包合同而实际占有、控制、使用土地，对土地行使直接支配的权利。二是承包经营权具有排他性。集体组织在与农民签订承包合时，不能就同一标的设定两个承包权，承包人对于其承包标的可以按照合同的约定，自主地行使使用和收益的权利，排除任何人的非法干涉。任何人都负有不得侵犯承包人的承包经营权的义务，三是承包经营权具有优先性、追及性。承包合同都是有期限的，期满后，再次签订承包合同时原承包人在相同条件下享有优先权。承包人根据合同占有承包标的后，任何人都不得妨碍其权利的行使，不管承包的土地被谁占有，承包人都有追索权。四是民法通则将承包经营权规定为"与所有权有关的财产权"，而不是规定在债权部分,至少说明立法原意也是把它排除在债权之外的。五是承包经营权是根据承包合同设定的,但并不能据此认定承包经营权为债权。物权和合同并非互相排斥,相反合同往往是物权产生的主要原因。在承包经营关系中,承包人根据合同请求集体将土地交由自己承包经营的权利是一种债权,而承包人依据合同直接对土地承包经营的权利则是物权,是对物的直接支配权,可以对抗任何人。

确定土地承包经营权的法律性质是债权还是物权,关系到对目前土地承包经营权的完善方向问题。如果将其视为债权,则土地承包经营权的完善方向应为债权物权化,将导致物权种类的任意增加,这是民法理论研究者历来反对的做法。但如果将土地承包经营权视为物权,则完善的方向应为强化物权而努力,这是随现实生活的变化而产生的必然现象,因此操作起来要容易得多,应将其规定在物权法中,受物权法的基本原则调整。下面列举中国法律的具体规定:

《中华人民共和国农村土地承包法》第十条规定:国家保护承包方依法、自愿、有偿地进行土地承包经营权流转。

第三十二条规定:通过家庭承包取得的土地承包经营权可以依法采取转包、出租、互换、转让或者其他方式流转。

第三十三条规定:土地承包经营权流转应当遵循以下原则:

(一)平等协商、自愿、有偿,任何组织和个人不得强迫或者阻碍承包方进行土地承包经营权流转;(二)不得改变土地所有权的性质和土地的农业用途;(三)流转的期限不得超过承包期的剩余期限;(四)受让方须有农业经营能力;(五)在同等条件下,本集体经济组织成员享有优先权。

第三十四条规定:土地承包经营权流转的主体是承包方。承包方有权依法自主决定土地承包经营权是否流转和流转的方式。

第三十六条规定:土地承包经营权流转的转包费、租金、转让费等,应当由当事人双方协商确定。流转的收益归承包方所有,任何组织和个人不得擅自截留、扣缴。

第三十七条规定:土地承包经营权采取转包、出租、互换、转让或者其他方式流转,当事人双方应当签订书面合同。采取转让方式流转的,应当经发包方同意;

采取转包、出租、互换或者其他方式流转的,应当报发包方备案。

第三十八条规定:土地承包经营权采取互换、转让方式流转,当事人要求登记的,应当向县级以上地方人民政府申请登记。未经登记,不得对抗善意第三人。

第三十九条规定:承包方可以在一定期限内将部分或者全部土地承包经营权转包或者出租给第三方,承包方与发包方的承包关系不变。

第四十条规定:承包方之间为方便耕种或者各自需要,可以对属于同一集体经济组织的土地的土地承包经营权进行互换。

第四十二条规定:承包方之间为发展农业经济,可以自愿联合将土地承包经营权入股,从事农业合作生产。

2003 年 3 月 1 日开始施行的农村土地承包法将农村土地承包经营权作为一个相对完整的法律制度予以承认和规范,为有效解决农村土地承包实践中存在的各类问题提供了重要法律依据。但是,该法没有从根本上解决包括承包权在内的农村土地财产权问题。根据农村土地承包法的规定,土地承包经营权主要通过双方当事人订立合同而创设,这是基于法律行为的取得。土地承包分为家庭承包和其他方式的承包两种,以采用农村集体经济组织内部的家庭承包方式为主。土地承包经营权自土地承包经营权合同生效时设立,由县级以上地方人民政府向土地承包经营权人发放土地承包经营权证、林权证、草原使用权证,并登记造册,确认土地承包经营权。通过家庭承包取得的土地承包经营权可以依法采取转包、出租、互换、转让或者其他方式合法流转。

《中华人民共和国物权法》第一百二十五条规定:土地承包经营权人依法对其承包经营的耕地、林地、草地等享有占有、使用和收益的权利,有权从事种植业、林业、畜牧业等农业生产。

第一百二十八条规定:土地承包经营权人依照农村土地承包法的规定,有权将土地承包经营权采取转包、互换、转让等方式流转。流转的期限不得超过承包期的剩余期限。未经依法批准,不得将承包地用于非农建设。

第一百二十九条规定:土地承包经营权人将土地承包经营权互换、转让,当事人要求登记的,应当向县级以上地方人民政府申请土地承包经营权变更登记;未经登记,不得对抗善意第三人。

第一百三十四条规定:国家所有的农用地实行承包经营的,参照本法的有关规定。

按照传统民法理论,民事财产权利可分为物权和债权。它们的主要区别在于,物权赋予权利人对特定物直接且排他的支配权,而债权只是赋予权利人请求特定的债务人履行某种给付义务的权利。物权依据财产是否为权利主体所有又可分为自物权和他物权。自物权是权利人对自己的财产支配权利,他物权是非所有人在所有财产上的一定的支配权利。他物权又可分为用益物权和担保物权,用益物权是以物的使用收益为目的而设立的物权,担保物权是为保障特定债权的实现而设立的物权。既然用益物权作为一种他物权,是建立在非所有人即用益物权人使用所有人财产基础上而产生的权利,因此在用益物权人与所有人之间就形成了某种法律关系,形成这一法律关系的基础一般是债权关系或合同关系。也可以说,用益物权产生的基础是债权,用益物权无非是物权化的债权,“用益物权首先作为一种债的关系而存在”。可见,法律对债权进行专门规定,赋予使用人对物的各种权利,则可以使得债权向物权转变。

农村土地承包经营权实现的是农民对土地的直接支配,是在集体所有或国家所有的土地上根据法律规定或合同约定所享有的他物权,具有用益物权的全部属性。这种权利与传统的用益物权是有区别的,主要表现在农民所承包的土地上。农民所承包的土地是集体经济组织所有或国家所有归集体经济组织管理的,因此土地承包经营权属于他物权。农民是其所在的集体经济组织的成员,集体的土地也是在农民所有的基础上经过农业合作化运动后过渡到集体所有的,因此,在一定意义上说,承包土地的农民是在使用自己所有或者说是在使用自己与其他集体经济组织内的农民共有的土地,而不是一般意义上所称的使用他人之物。农民能够享有承包经营权,其前提是基于他的集体经济组织成员的身份。只有取得了这种身份权,才能进行土地承包经营的权利。因此,土地承包经营权并不是一般意义上的用益物权,而是一种特殊的用益物权。

根据《中华人民共和国物权法》的规定,土地承包经营权实质上是一种特殊的用益物权,即占有、使用和收益的权利。这也符合我国农村传统土地问题实践和我国传统民法理论。

但是,根据兵团体制,兵团职工的土地承包合同兼有劳动合同的属性,因此,课题组认为,兵团土地承包经营权,除了根据《中华人民共和国物权法》规定的占有、使用和收益的特殊的用益物权的法律性质,还应当包含就业权和社会保障权利的法律性质。

四、兵团区域农地流转基本特点

根据兵团官方文件资料显示:2012 年,全兵团土地总面积 745.63 万公顷,农用土地总面积 419.86 万公顷,其中耕地 104.31 万公顷,园地 6.52 万公顷,林地 44.39 万公顷,牧草地 242.65 万公顷,建设用地 21.05 万公顷,未利用地 304.72 万公顷,其他农用地 21.99 万公顷。截至 2013 年年底,兵团下辖 14 个师,176 个团,辖区面积 7.06 万平方公里,耕地 1244.77 千公顷。

近年来,总体上看,兵团农村土地流转规模不断扩大,农业的规模化、集约化和专业化生产水平不断提高,较好地实现了土地、资金、技术、劳动力等生产要素的合理流动和资源的优化配置,对推进兵团现代农业发展和规模经营起到了积极作用。总体来讲,兵团农村土地经营权流转呈现以下四个主要特点:

(一)土地流转进程进一步加快,土地流转规模不断扩大

兵团土地是国有土地性质,因此,以前土地流转受到较大制度制约,近来,由于兵团政策的放开,土地流转比以前更加便利。

例如:团场官方一般会给土地流转的双方备案,然后把年底结算款直接给承包方,较之以前把年底结算款直接给地主方再转交承包方,有了较大的便利。

再例如:以前,兵团法院一般把民间私自签订的土地流转合同以违反政策为由,作无效处理。现在则会根据合同自愿原则,肯定土地流转合同法律效力,司法的助力极大保护了一手土地承包户和最终承包户彼此的合法权益。

这些都是兵团土地流转制度的质的进步。伴随着制度的放开和鼓励,近年来,兵团土地流转进程进一步加快。土地流转规模不断扩大。

（二）土地种植收入形势对土地流转进程影响较大

根据本课题调研与农户访谈，2010 年土地价格上升，并且承包他人土地的急剧增多。这是由于当年棉花、枣子市场价急剧飙升并且销路畅通农户家家实现极大盈利引发的。当年年底不仅土地流转猛烈增多，而且把其他经济作物如核桃等改种红枣的同时急剧增多。这是典型的买涨不买跌现象。少数熟知土地行情的中老年农户则一直持观望态度。至 2015 年忽然土地抛售增多，同时土地流转纠纷大量增多，主要是因为棉花、枣子市场价持续疲软，土地种植收入开始明显下降，兼之农业生产投入大，见效慢的特点，使很多承包户有意离开土地另行谋生。这其实也是受到全国经济大形势的影响。

（三）部分兵团辖区，历史原因导致土地权属问题偏僵化

根据本课题调研，存在一块地两个证现象，即同一块地上，既有草原证，又有土地证。也有其他历史权属问题，由于本结题报告是非保密的，所以暂不表述。一地两证容易导致两方持证人的矛盾冲突，其他历史权属问题也会导致局部土地流转障碍。但作为处于社会转型期的兵团，课题组认为，出现此类问题是可以理解的。

（四）部分兵团辖区，自然原因导致土地流转受阻

根据本课题调研，人进沙退，是兵团骄傲的战绩。但是部分兵团辖区缺水，缺水地方的土地，很难流转出去，就算流转出去，承包户发现缺水，又会反悔，纠纷遂起。兵团官方文件资料显示：流经兵团团场的河流有 400 多条，其中年径流量 10 亿立方米以上的大河，北疆主要有伊犁河、额尔齐斯河、乌伦古河、玛纳斯河，南疆主要有塔里木河、叶尔羌河、阿克苏河、和田河、喀什噶尔河、开都河，这 10 条大河都流经兵团。水源丰富是兵团农业发展的重要支柱和依托，但是，水源及用水成本问题，也是兵团局部辖区土地流转受阻的原因，这是兵团部分区域的特点。

第五章

兵团团场土地流转意愿调研分析

一、调研概述

本课题调研主要采用利用教学便利或者优势，动员学生参与调研的方法，利用课程实习机会和大学生暑期三下乡机会，走上各地街头，发放问卷，并且在寒暑假假期时委托家庭住址在兵团辖区的学生带问卷回家进行调研和访谈。数据采集属于随机抽样的性质。再对收集的数据进行大规模的合并归纳整理，摒弃一些无效问卷，留下有效问卷，然后根据整理数据，进行学术分析。科学的调查研究包括两个方面的内容：一是调查研究的具体操作方法要科学。仅靠过去传统手工方式进行调查已显然不够了，系统论、信息论、控制论等一系列的自然科学研究方法逐渐渗透到社会科学研究领域中来，形成了社会调查研究方法现代化的三大特征：数学方法在社会研究中的应用；自然科学研究方法对于社会科学研究的渗透；定量研究和定性研究的综合运用。这就为调查研究的方法提供了科学的依据。我们除了要了解并掌握有关普遍调查、典型调查、个案调查、抽样调查以及文献调查法、问卷调查法、访问调查法、观察调查法等各种具体的调查方法以外，还必须注重对调查对象加强正确引导，确保其讲真话、讲实话。在实地考察时，要防止被假象所蒙蔽，要透过现象看本质，确保调查的科学性。二是调查研究的思想方法要科学。最后的材料分析应该说是调查研究中的一个十分关键的步骤，是能否将社会调查报告材料化为研究成果的关键所在。所谓社会调查报告材料分析，就是用科学的方法审查、剖析调查材料中包含的被研究对象的状况、特点、社会背景、基本结构、本质属性与成因、组成因素与相互关系,以及运动机制和结论的过程。对社会调查报告的调查材料进行分析研究,最基本的类型是定性分析和定量分析,应该用辩证的观点对待事物,对质和量两个方面进行综合考察。社会调查报告材料的定性分析是据事论理,用思辨的方式,依靠个人经验判断能力和直观材料,确定社会现象或事物发展变化的性质和趋向,以划清事物性质界限的方法。定性分析的根本的方法是哲学方法,即揭示事物发展的一般规律的方法。社会调查报告的定量分析是对社会现象或事物的规模、范围、程度、速度等方面数量关系的情况和变化,进行变量计算和考察分析,弄清其数量特征的方法。简言之,就是从事物数量方面入手进行分析研究。目前,在调查研究中进行定量分析已越来越普遍,使用定性、定量相结合的方法已成为大势所趋,也是调查研究走向完善的标志。十分感谢本校法律系法学 14、15 级全体同学,他们很多次被课题组无偿征用,承担了大量的问卷调查和事后统计工作。在此感谢他们对完成本课题的贡献。

本章的论据主要是问卷调查数据,而问卷调查数据的可信度取决于调查方法的科学性以及调查对象的代表性。本课题组在调查方法上,主要采用随机问卷调查和定向问卷调查相结合的方法。问卷是根据土地流转的影响因素及法律问题进行精心设计,然后打印交同学们进行发放收集。随机性问卷,主要是集中在街头随机问卷调查,和委托兵团辖区学生暑期回家问卷调查。定向性问卷,主要是深入田野,直接进入田间地头对于确信的种植农户进行问卷调查。定向性问卷调查地点主要集中在兵团第一师各团场,街头随机问卷调查地点则分散于第二师、第三师、第八师、第十四师等地。

调查问卷系自行设计。主要由三个部分组成,第一部分是农户家庭基本情况,第二部分是农户家庭近年来土地流转情况;第三部分则是土地流转意愿和宏观影响因素的相关情况。然后对社会调查问卷材料进行集中分析。

问卷调查耗时约 2 个月,主要集中于 2013 年 7 ~ 8 月份。发放定向性问卷 300 份,随机性问卷 900 份。回收后审核取舍确定有效定向性问卷 280 份,有效随机性问卷 820 份,合计 1100 份。由于问卷涉及的问题较多,受访者并非对每一个问题都作了回答。所以,针对具体问题的问卷份数并不相同。受调查范围、调查方法的制约,课题组的调查分析难免会具有局限性,课题组尽量地努力克服这些局限,力求保证调查数据客观真实,归纳分析科学合理。

二、兵团团场农户农地流转意愿数据整理

本次调研数据汇总,从性别构成来看,被问卷调查者男性 783 人,占总计数量的 70.5%,女性 317 人,占总计数量的 29.5%。

从年龄构成来看,年龄 25 岁以下 26 人,占总计数量的 2.25%;26~30 岁 49 人,占总计数量的 44.1%;31~40 岁 362 人,占总计数量的 32.6%;41 岁及以上 673 人,占总计数量的 60.6%。

从文化程度构成来看,小学以下 262 人,占总计数量的 23.8%;小学毕业 315 人,占总计数量的 28.6%;初中毕业 268 人,占总计数量的 24.4%;高中毕业 244 人,占总计数量的 22.2%;大专及以上 21 人,占总计数量的 1.9%。

从婚姻状况构成来看,未婚 31 人,占总计数量的 28.2%;已婚 698 人,占总计数量的 63.5%;离婚 371 人,占总计数量的 33.7%。

从从事职业构成来看,团场职工 843 人,占总计数量的 76.6%;其他人员 257 人,占总计数量的 23.4%。

从自己名下或共同生活的家庭名下有没有土地来看,共有耕地 100 亩以上人员 324 人,占总计数量的 29.5%;共有耕地 100 亩以下人员 759 人,占总计数量的 69%;没有耕地人员 17 人,占总计数量的 1.5%。

从正在耕作土地的获得方式来看,以团场分配方式获得人员 687 人,占总计数量的 62.5%;以租赁方式获得人员 83 人,占总计数量的 7.5%;以转包方式获得人员 238 人,占总计数量的 21.6%;以其他方式获得人员 92 人,占总计数量的 8.4%。

从假设个人名下无地,希望获得土地的意愿来看,希望获得土地人员 462 人,占总计数量的 42%;不希望获得土地人员 271 人,占总计数量的 24.6%;根据市场情况而定人员 367 人,占总计数量的 33.4%。

从家庭年收入状况来看,家庭年收入5万元以下人员532人,占总计数量的48.4%;家庭年收入5万~10万元人员274人,占总计数量的24.9%;家庭年收入10万元以上人员294人,占总计数量的26.7%。

从根据家庭的农村土地经营状况,是否愿意转入或转出土地来看,愿意转入人员467人,占总计数量的43.1%;愿意转出人员424人,占总计数量的39.2%;维持现状人员130人,占总计数量的11.8%;没有想过流转土地人员62人,占总计数量的5.6%。(课题组注:本组数据排除了少数实际无地被调研对象人员。)

从是否有转包或转让出去过耕地经历来看,转包或转让出去过耕地人员732人,占总计数量的66.5%;没有转包或转让出去过耕地人员368人,占总计数量的33.5%。

从是否有从其他农户那里转入过耕地经历来看,从其他农户那里转入过耕地人员715人,占总计数量的65%;没有从其他农户那里转入过耕地人员385人,占总计数量的35%。

从家里是否有承包更多土地的打算来看,有该打算,而且条件成熟人员272人,占总计数量的24.7%;有该打算,等价格适合人员637人,占总计数量的57.9%;缺少劳力,不打算人员76人,占总计数量的6.9%;种地不赚钱,不打算人员115人,占总计数量的10.5%。

从对谁要转出土地和谁要转入土地等流转信息知道容易度来看,选择很容易人员246人,占总计数量的22.4%;选择比较容易人员458人,占总计数量的41.6%;选择比较麻烦人员205人,占总计数量的18.6%;选择很麻烦人员191人,占总计数量的17.4%。

从在进行土地流转时容易度感受来看,选择很容易人员275人,占总计数量的25%;选择比较容易人员528人,占总计数量的48%;选择比较麻烦人员198人,占总计数量的18%;选择很麻烦人员99人,占总计数量的9%。

(以下由于被调研者填表不规范等原因,课题组只作选择数量多少的对比,不再一一列举具体数据。)

从愿意的土地流转形式来看,多项选择转让转包、互换、出租的占绝大多数,选择入股的基本没有。

从买卖土地时候的合同形式来看，书面合同但未咨询律师占绝大多数，口头合同基本没有，请律师拟定书面合同占少数。

从农户认为当地土地流转产生纠纷的原因来看，合同当事人违约和国家政策中有关农业税减免和农业补贴等带来的利益归属问题占绝大多数，合同条款不健全占少数。没有签订合同基本没有。

从双方发生纠纷的解决方式来看，双方协商和找连队领导解决占绝大多数。向人民法院提出诉讼占少数。向农村土地承包仲裁机构申请仲裁基本没有。

从农户对兵团土地流转政策是否了解来看，了解一点占绝大多数，很熟悉占少数，不了解占极少数。

三、兵团团场农户农地流转意愿数据分析

（一）文化程度对土地流转的影响分析

被调查农户文化程度普遍不高，小学和初中文化程度占大部分，高中以上文化程度较少，大专及以上文化程度仅有 1.9%。调查结果表明不同文化程度农户家庭发生流转的比例相差不大。

课题组认为：并非农户文化程度普遍越高，土地流转现象越多。因为，农户文化程度普遍提高后，会出现两种可能：一种可能是随着农户文化程度普遍提高，非农就业机会相应增加，兵三代和四代不愿继续种地，可能引起土地转出增加。另一种可能是随着农户文化程度普遍提高，农户掌握较高的农业科技知识后，可以轻易从经营土地中获得较高收入，反而不再愿意转出土地。

（二）从事职业构成和家庭年收入对土地流转的影响分析

被调查农户职业构成中，团场职工占总计数量的 76.6%，比例较高，表明兵团团场职工还是种地的主导力量。从家庭年收入状况来看，家庭年收入 5 万元以下人员占总计数量的 48.4%，家庭年收入 5 万～10 万元人员占总计数量的 24.9%。合计占总计数量的 73.3%。这表明兵团团场农户普遍认为自己收入偏低。其中，家庭年收入 10 万元以上人员普遍选择愿意转入转出土地。

课题组认为:高收入农户普遍愿意转入转出土地,能够表明只要是土地流转的受益者,都倾向于支持土地流转。访谈中各高收入农户也倾向于扩大自己土地规模。

(三)正在耕作土地的获得方式和农户转入或转出意愿对土地流转的影响分析

被调查农户以团场分配方式获得土地人员占总计数量的62.5%,以转包方式获得土地人员占总计数量的21.6%。其中以团场分配方式获得土地人员,愿意转出土地的较多,以转包方式获得土地的人员,愿意转入转出土地的均较多。

课题组认为:以上数据表明,包含大量团场职工在内的多数农户对自己的耕种土地的质量不那么满意。访谈中多数农户也表示,希望自己能够耕种产出高的地,而把产出低的地,发包给下家。如果多数农户对自己的耕种土地的质量(其实应该是投入产出性价比)都不是那么满意的话,实行级差地租就很必要了。

(四)转出或转入经历和承包更多土地的意愿对土地流转的影响分析

被调查农户有转包或转让出去过耕地经历的农户占总计数量的66.5%。从其他农户那里转入过耕地人员占总计数量的65%,这表明兵团辖区土地流转已经比较活跃。有承包更多土地意愿的农户占总计数量的82.6%,这表明兵团辖区广大农户还是有着靠农业致富的期待。

课题组认为:有农地转出或转入经历的农户较多,其中一部分未必是真心种地,很可能是充当土地流转中介,访谈中也常见有倒地吃差价的,这些因素应该属于未来土地中介服务市场的萌芽。

(五)流转信息知道容易度感受和土地流转时容易度感受及愿意的土地流转形式对土地流转的影响分析

被调查农户认为对谁要转出土地和谁要转入土地等流转信息知道很容易和比较容易的人员占总计数量的64%,认为进行土地流转很容易和比较容易的人员占总计数量的73%。而从愿意的土地流转形式来看,绝大多数选择转让、转包、互换、出租,选择入股的基本没有。

课题组认为:以上统计表明,现代社会信息通畅,大家都上网,访谈中有些农户不会上网,可是他们的子女可以上网帮忙,网络一定程度上弥补了土地流转市场缺失的不足。同时表明,土地折价入股的方式,在兵团辖区尚不普及。

(六)土地流转合同形式和土地流转纠纷原因及纠纷的解决方式对土地流转的影响分析

被调查农户中,书面合同但未咨询律师占绝大多数,请律师拟定书面合同占少数,口头合同基本没有。农户认为当地土地流转产生纠纷的原因合同当事人违约和国家政策中有关农业税减免和农业补贴等带来的利益归属问题占绝大多数,双方发生纠纷的解决方式协商和找连队领导解决占绝大多数。向人民法院提出诉讼占少数。向农村土地承包仲裁机构申请仲裁基本没有。

课题组认为:以上统计表明,兵团农户还是有一定的法律意识,土地流转的书面合同已经比较普及。农业补贴和农业上交是土地流转纠纷很重要的成因。解决纠纷时大家还是更相信连队领导和法院。

第六章

兵团土地流转的现实问题

一、兵团土地流转的驱动因素问题

兵团土地承包经营权流转的驱动因素，宏观的方面有政治、经济形势的影响。中共十七届三中全会公报指出："加强土地承包经营权流转管理和服务，建立健全土地承包经营权流转市场，按照依法自愿有偿原则，允许农民以转包、出租、互换、转让、股份合作等形式流转土地承包经营权，发展多种形式的适度规模经营。有条件的地方可以发展专业大户、家庭农场、农民专业合作社等规模经营主体。土地承包经营权流转，不得改变土地集体所有性质，不得改变土地用途，不得损害农民土地承包权益。"这表明中央政府开始鼓励土地流转和集中。微观的方面应该是团场人口老龄化和劳动力向城镇转移，课题调研显示很多"兵二代"现今已经不愿继续务农。同时职工或者包地户受个人内心的利益驱动，在自己种地收入和保障较优的情况下，地主更愿意自己种地。在租出土地收入和保障较优的情况下，地主更愿意将土地承包给别人。除了前述因素，兵团土地承包经营权流转同时还受到包地户年龄、家庭结构、受教育程度以及土地流转市场价格等因素的影响。影响兵团土地流转的主要驱动因素分述如下。

（一）兵团农业现代化的大形势是促进兵团土地流转最根本的因素

新疆兵团的特殊体制，使兵团在农业规模化经营和农业技术推广方面具有组织优势，这促进了兵团农业产业化和现代化进程。至今，兵团辖区棉花生产从犁地、播种，到灌溉、灭虫，到棉花打顶、收获，全部是机械化、自动化操作。善于"精耕细作”的新疆兵团人在农业领域创造了多个全国之最:全国最大的棉花生产基地、全国最大的红枣产区、世界规模最大的节水灌溉区……国家的“丝绸之路经济带”战略的实施让兵团农业“走出去”的地缘优势更加突出,兵团农业迎来历史性机遇。根据新疆兵团中长期规划,近期新疆兵团将实现农业现代化建设的重大突破,“三大基地”全面建成,农业经济结构进一步优化,重点产业集团基本建成,社会化服务体系及市场体系进一步完善,农业经营管理水平显著提高。到2020年,兵团农业基本实现现代化。在兵团农业实现现代化的大形势下,兵团土地流转增多,也是大势所趋。

(二)兵团“1+3”土地政策文件的颁布保障了土地流转的实现

《兵团党委、兵团关于深化团场改革的意见》(即“1+3”文件),是深化团场改革、加快团场发展的纲领性文件,对深化农业和团场改革,发展壮大兵团,致富职工群众起到了重要推动作用。随着形势的发展,为更好地贯彻落实党的十六届五中全会和2005年中央农村工作会议精神,兵团党委召开了建设屯垦戍边新型团场工作会议,并结合兵团实际,通过深入调查研究和广泛征求意见,在制定《兵团党委关于推进屯垦戍边新型团场建设的意见》的同时,对“1+3”文件的若干政策作了进一步的补充和完善,形成了《兵团党委、兵团关于进一步完善“1+3”文件若干政策的补充意见》,经兵团党委常委会审议通过,颁布施行。

“1+3”文件进一步完善了团场基本经营制度,调动职工家庭和团场的积极性;进一步完善了土地长期固定政策,稳定职工家庭土地承包权;进一步规范了土地承包费,切实减轻职工负担;进一步完善了团场民主管理制度,加强基层民主建设。兵团“1+3”土地政策文件的颁布极大促进了兵团土地流转的规模,激发了兵团辖区职工和农民的土地流转的积极性。

(三)兵团农业规模经营加速土地流转

兵团发展农业规模经营是转变农业发展方式的核心和主线。兵团“十三五”时期,始终坚持规模经营的基本方向。农业规模经营是根据耕地资源条件、社会经济条件、物质技术装备条件及政治历史条件的状况,确定一定的农业经营规模,以提高农业的劳动生产率、土地产出率和农产品商品率的一种农业经营形式。兵团农业规模经营的发展方向是农业适度规模经营,即在保证土地生产率有所提高的前提下,使每个务农劳动力承担的耕地面积,与当时当地社会经济发展水平和科学技术发展水平相适应,以实现劳动效益、技术效益和经济效益的最佳结合。兵团的农业规模经营减低了农作物的生产成本同时提高了农业收益,客观上加快了土地流转的实现。

(四)兵二代向第二、第三产业转移也推动了兵团土地流转

课题组调研发现,很多兵团职工的子女即俗称的兵二代不愿继续务农,而选择转向第二、第三产业。随着兵团工业园、创业园大量兴建,兵二代转向第二、第三产业日趋增多。大量兵二代不愿继承父业,离开父母土地的同时,为了不使土地荒废,将父母土地租给他人耕种或使用以获取一定的租金或收益。这种做法普遍适用也带来兵团实行新政策时候的不便。例如以前的农业补贴出租户和租户该谁领和现今的自身收益金出租户和租户该谁交的问题。随着兵二代劳动力流转的规模加大,兵团土地流转规模也在持续扩大。

二、兵团土地流转的障碍性因素问题

基于土地制度体制、土地流转平台缺失、土地流转程序不规范、土地流转纠纷日趋增多等原因,兵团土地承包经营权流转的障碍性因素问题也比较多。

(一)兵团体制自身制约团场农地流转

兵团团场土地是国有土地。兵团体制决定了兵团职工的土地承包合同兼有劳动合同的属性,因此几乎无法完全合乎法律和政策的向其他职工流转,除非经团场允许更换合同承包户名字。职工对职工尚且土地流转困难,职工对非职工的土地流转当然更加困难。职工对非职工的土地流转一般很难做到更换合同承包户的名字。

除了劳动合同问题,兵团土地除了团场官方土地,还有大量私地。私地受到法律保护更少,在法律上,对于这些大量的私地而言,甚至连起码的土地的使用经营权都无法合法地完整确立。

简而言之,兵团土地流转面前缺乏足够的法律制度支持。

（二）兵团尚无官方土地承包权流转行政或者商业平台

兵团土地流转的政策及服务体系至今仍不健全，兵团、师尚未出台规范的土地流转政策办法，团场也没有建立相应的土地流转管理服务机构和平台，存在土地流转程序不规范、信息不畅通、合同不规范、监管不到位等制度和管理问题。由于兵团土地承包经营权流转不规范，管理不到位，埋下了一系列隐患。土地转包后，合同签订的人员与实际承包人员条件不相符，有些实际承包人员不是团场的正式职工，不服从团场对农业生产的指导管理，不愿意接受农产品订单收购，给团场正常生产经营造成一定困难；一些人常年在团场挂名承包土地，但却不是团场的正式职工，享受不到养老、医疗等社会保障，公平诉求增加，影响社会稳定；在土地承包经营权流转过程中，一些职工没有遵守相关程序，没有签订正式合同，没有团场认证，很容易在地上农作物价格评估、转包时间和五保三费缴纳等问题上产生纠纷，由于没有合同保障，流转之后上下家之间矛盾增多。

（三）兵团团场相当多连长对于土地规范流转培训不足

调研访谈可见，相当多的连长对于农业技术掌握十分娴熟，一般日常行政管理也辛苦且认真，但是对土地流转的法律规定并不熟知，只是概括地认为，根据兵团政策，土地流转都是非法的，职工私自流转土地要剥夺职工身份。事实上，对于自己连队辖区内的土地流转却抱着睁一只眼闭一只眼的态度，只要上交足够，就一概不问；一旦上交不足，有时候就采取断水断电的断然措施。诸多连长的这样的状态和态度，不利于兵团土地的规范流转。

课题组认为，培训连长的土地流转指导技能，使之能够达到指导辖区职工或者农户更加规范流转土地的状态，应当是兵团土地流转并进而实现农业现代化的基础工作之一。

（四）兵团土地承包权纠纷裁判一般都会损害下家。

如前所言，兵团体制决定了兵团职工的土地承包合同兼有劳动合同的属性，因此几乎无法完全合乎法律和政策的向其他职工流转，职工对非职工的土地流转完全合乎法律和政策更加困难。流转之后一旦出现纠纷，实践中，法院判决难免会因为顾及上家的合法承包户身份，作出合法但是事实上损害下家的裁判。这样的判决多了,会让民间对公平土地流转的期待受到极大的挫伤,有时还会使土地自由流转的结局走向有能力霸占土地者占优的局面。

(五)其他兵团土地流转的障碍性问题

还有其他兵团土地流转的障碍性问题。例如土地流转与农业人口变化之间的矛盾,兵团团场教育、养老、医疗社会保障机制的完善,农业生产需要投资大,农作物生长周期长,面对的自然风险和市场风险较大,导致没有钱种不了地。在中央实行耕地补贴和减免农业税之后,农户自主经营土地活动积极性提高,土地流转意愿也随之下降。总经济形势下滑使非农收入降低,农户对土地依赖性随之升高。还有甚者,调研访谈中还发现,买入土地居然不是为种植经营,而是为了坐等拆迁牟取暴利。这些因素都在直接或间接影响着兵团团场土地使用权的健康转让,限于篇幅,不再展开。

三、兵团土地流转中的农民权益保障问题

社会保障主要包括社会保险、社会福利和社会救济等。近年来,国家先后制定出台了一系列关于农村土地权属和土地流转的政策法律,用法律和制度来保护农民的合法权益。作为我国颁布的第一部全面调整土地关系的法律,《中华人民共和国土地管理法》先后进行过3次修订。1988年第一次修订,推动了我国土地使用制度改革。1998年的第二次修订,提出了一系列加强土地管理和耕地保护的措施。2004年的第三次修订,进一步明确征地制度内涵,规定:“国家为了公共利益的需要,可以依法对土地实行征收或者征用并给予补偿。”土地管理法的修改重点是新型城镇化背景下保障农民和农民工的土地权利,既不使耕地过快流失,又要保障农民的承包地、宅基地等合法权益。2003年开始实施的《中华人民共和国农村土地承包法》,对土地如何流转作出了明确规定。2007年,《中华人民共和国物权法》出台,将农民土地承包经营权和宅基地使用权界定为用益物权。改革开放初期,农民仅获得土地的生产经营自主权。随着土地承包期的延长,法律制度的完善,国家、集体与农民利益关系的调整,农民获得的土地承包经营权的权能也逐步扩大。2013年中央一号文件明确要求,“用五年时间基本完成农村土地承包

经营权确权登记颁证工作。”2013 年 11 月 12 日十八届三中全会《中共中央关于全面深化改革若干重大问题的决定》指出：建立城乡统一的建设用地市场。在符合规划和用途管制前提下，允许农村集体经营性建设用地出让、租赁、入股，实行与国有土地同等入市、同权同价。缩小征地范围，规范征地程序，完善对被征地农民合理、规范、多元保障机制。扩大国有土地有偿使用范围，减少非公益性用地划拨。建立兼顾国家、集体、个人的土地增值收益分配机制，合理提高个人收益。完善土地租赁、转让、抵押二级市场。土地流转中的农民权益保障问题越来越受到中央的重视。

（一）研究农民社会保障问题的理论基础

（1）法理学理论

全面研究农民社会保障问题，推进依法治国，走中国特色社会主义法治道路，离不开法学基础理论的支撑。时代呼唤中国法理学的创新发展。近代以来，中国学习和借鉴了不少西方的法学理论与法律制度。但从历史经验来看，走自己的路是我国法治建设的必然选择，也是我国法理学研究的必然选择。经过 30 多年努力，我国在法治建设方面取得了长足进步。与此同时，在法学理论研究、法学教育水平方面也获得了很大发展。任何一个国家的法治都需要建立在一定的法学基础理论之上。完善和发展中国特色社会主义法治理论，是全面依法治国的必然要求。面向中国法治实践的法学理论，也势必不同于西方法学理论，必然体现出中国自己的特色。改革开放让中国法理学研究迎来春天。如今，经过 30 多年发展，法理学学科体系已初步形成，体现了法的一般理论和中国特色社会主义法学理论的结合。人们越来越意识到建构以马克思主义法学为基础、具有中国传统法律文化内涵、吸收外国法律文化滋养的中国法理学体系对提升中国法理学研究水平和地位的重要性。法理学研究不能仅仅停留在抽象理论层面，而必须关联部门法研究，这样才能让法理学更接地气。在经济全球化的条件下，法理学研究不能仅仅立足于国内法学，还必须与国际法学相结合，只有这样才可能成为名副其实的法的一般理论。法学和经济学、政治学、社会学、历史学、文学乃至自然科学相结合的交叉学科研究，开辟了新的研究领域，取得越来越多的有益成果。从法理学的结构看，中国法理学比较擅长于对法律问题的价值研究和社会研究，而规范研究不足；善于把法律问题政治化，不善于把政治问题法律化。造成这种现象的原因主要有两个：一是在中国传统文化中，法律思想是治国理政、富国强兵理论整体框架的一部分，没有独立出来；二是马克思主义法学研究法律问题的特点不是就法律研究法律，而是把法律放在社会和阶级的结构中分析。支撑农民社会保障问题应当具备一定的基础理论。

首先是人权理论。人权，是指在世界范围以内，在符合人类社会生存制度的同时，人类应该享有的基本权利。人权，就其完整的意义而言，就是人人自由、平等地生存和发展的权利。以现在的人类社会构成情况来看，由于国家制定的法律法规对公民具有相当大的利益影响，所以人权应该也包含人人参与政治的权利，人人对政治的期望，从而使政策合理地适应大多数人的需求，这就使一个国家的公民在具备了最基本的生存权与发展权之后，在社会稳定、经济发展的情况下，继而又扩展出了包括政治权的人权。人权是人类社会最高形式和最具普遍性的权利，它是指那些直接关系到人得以维护生存、从事社会活动所不可缺少的最基本权利，如生命安全、人身自由、人格尊严、基本的社会保障等。

根据新华网2003中国人权披露：中国政府和人民从自己的历史和国情出发，根据马克思主义的基本原理和长时期革命和建设的实践经验，在积极参与国际人权领域中的活动和对外人权斗争中，将人权的普遍性与中国历史、文化和现实的特殊性结合起来，形成了具有中国特色的社会主义人权观。这种人权观主要包括以下几方面：

①人权普遍性的原则必须同各国国情相结合。第一是指人权主体的普遍性，即人权是一切人，或至少是一个国家的一切公民或一个社会的一切成员，不分种族、肤色、性别、语言、宗教、政见、国籍、社会出身、财产状况、文化水平等，都应当享有的权利；从国际上说，则是所有民族和国家都应当享有的自由和平等权利。第二是指人权原则和人权内容的普遍性。

②人权不仅包括公民政治权利，而且包括经济、社会、文化权利；及包括人民批评政府的权利和公开提出不满的权利，只要不违反法律，一个人的意志和观点

都应该受到保护,但煽动和侮辱及诽谤性的言词是明显违反法律的。

③生存权和发展权是基本人权。生存权和发展权是基本人权,没有稳定的社会、健全的法律,每个人的生存权和发展权都是不能保障的。

④人权是权利与义务的统一。人权是权利与义务的统一,是全世界人权观的基本原则之一,对于严重的犯罪行为,我国的立场是主张死刑。

⑤稳定是实现人权的前提,发展是实现人权的关键,法治是实现人权的保障,政治权利也是保障人权的一种方式。人权的实现离不开稳定和自由的社会,政治和经济、社会、文化的发展,离不开民主和法律的保障,所以民主立法是关键所在。

⑥法律是一国主权范围内的问题,但人权在本质上是全人类的问题。改善人权,是世界上每一个人类都应该重视的问题,但改善中国人权同时也是中国的内政。

⑦评价一国的人权,是言论自由的问题。每个人都有每个人的观点,但如果割断历史,脱离国情,片面看待,甚至肆意挑唆和攻击,也会使当事国人民的感情受到伤害,这是不太道德的行为。

⑧对话与合作及互相提示性的监督,是促进国际人权发展的良好途径。我们主张在平等和相互尊重的基础上开展人权领域的对话和合作,及希望国际社会提出意见。一个人都会有很多缺点,何况一个国家呢。人无完人,国家也是如此,了解缺点,改正了就一切都好。

其次是法的规范作用理论。

作为由国家制定的社会规范,法具有公示、指引、评价、预测、教育和强制等规范作用。这方面的作用可以说是法本身的作用或法的专门作用。

①公示作用。法代表国家关于人们应当如何行为的意见和态度。这种意见和态度以赞成和许可或反对和禁止的形式昭示于天下,向整个社会传达人们可能或必须如何行为的信息,起到公示的作用。国家的意见和态度是以要达到的社会目的为依据做出、并加以宣布的指示。这种指示反过来又受到社会价值准则、道德观念或理性判断的决定。因此,通过法,人们可以知道什么是国家赞成的,应当做、可以做的,什么是国家反对的,不该做、不得做的;可以知道国家的发展目标、

价值取向和政策导向，甚至可以知道从国家的观点什么是明智之举、什么是愚昧之举。法的告示作用也可以说是法的意识形态作用，它以对人们的意志、是非观、价值观的影响而为指引作用提供了必要的前提。

②指引作用。法是通过规定人们在法律上的权利和义务以及违反法的规定应承担的责任来调整人们的行为的。调整就是指引。指引作用的发挥以对法的要求的知晓为前提。指引有两种情况：第一，确定性的指引，即通过规定法律义务，要求人们做出或抑制一定行为；第二，不确定的指引，即通过授予法律权利，给人们创造一种选择的机会。从立法的意图来说，这两种指引所包括的法律后果都是促使人们行为时所考虑的因素。但不同的是，就确定的指引来说，法的目的是防止人们做出违反法指明的行为；而就不确定的指引来说，法的目的是鼓励人们从事法所容许的行为。法作为规范的指引是一种一般指引，即针对群体和类行为的、复现的指引。这使法的指引作用比个别调整具有更稳定和更持续的影响和效力。一般说来，计划经济体制下的行政命令实质上是个别指引，而市场经济条件下的法律调整则是规范指引。人们说市场经济是法治经济，也包含了这种意义。

③评价作用。法作为一种行为标准和尺度，具有判断、衡量人们的行为的作用。法不仅具有判断行为合法与否的作用，而且由于法是建立在道德、理性之上的，所以也能衡量人们的行为是善良的、正确的，还是邪恶的、错误的，是明智的、还是愚蠢的。通过这种评价，影响人们的价值观念和是非标准，从而达到指引人们行为的效果。在现实生活中，法并不是唯一的评价人们行为的标准，道德规范、宗教规范、风俗习惯和社会团体的规章等也具有对行为的评价作用。但是，法所做出的评价却有着与它们不同的特点。首先，法的评价具有比较突出的客观性。也就是说，什么行为是正当的、什么行为是不正当的、什么行为是可做的、什么行为是不可做的，在法律规范中有明确的规定。因此，法对行为的评价大体上说来是不会因人而异的。当然，在利用法律规范对行为评价时，评价者对规范的理解也可能发生细微的、有时甚至是重大的差别。不过，这种差别在其他评价标准中就更为明显和经常。其次，法的评价具有普遍的有效性。在同一个社会，由于人们的道德观念和宗教信仰不同，或者由于接受的风俗和纪律不同，每个人对一定

的行为所做的评价只有在与该人具有相同标准的那些人中间才是有效的。对法律规范来说则不同,不论人们的主观愿望如何,只要他们的行为进入了法律行为的范畴,法律规范的评价对他们来说就是有效的。如果不想受到法的制裁,他们的行为必须在客观上与法的评价协调起来。

④预测作用。预测作用是指根据法的规定,人们可以预先知晓或估计到人们相互间将如何行为,特别是国家机关及其工作人员将如何对待人们的行为,进而根据这种预知来做出行动安排和计划。在社会生活中,每个人的行为都可能对他人的行为发生影响,同时也可能受到他人行为的影响。在这种复杂的互动关系中,如果没有一定的公认的规则,去据以预测自己行为和安排的后果,社会生活就会陷入无序状态。法的预测作用可以减少行动的偶然性、盲目性,提高行动的实际效果。例如,由于合同法的存在,经济活动的主体可以预见到什么样的合同是有效的或无效的,违反合同将会导致什么样的法律后果等。再如,由于集会游行示威法的颁布和宣传,人们可以相当准确地预见到组织非法游行的后果。总之,由于法具有预测作用,人们就可以根据法来合理地做出安排,以便用最小的代价和风险取得最有效的结果。

⑤教育作用。法的教育作用首先表现为,通过把国家或社会的价值观念和价值标准凝结为固定的行为模式(规则、原则等)和法律符号(天平、宝剑、蒙眼布等)而向人们灌输占支配地位的意识形态,使之渗透于或内化在人们的心中,并借助人们的行为进一步广泛传播。由于法是人们在日常生活、生产、交往中反复实践的东西,人们可以不知不觉地达到对法的认同,被法所同化,形成守法习惯。其次表现为通过法的实施而对本人和他人今后的行为发生影响。例如,对违法行为的制裁不仅对违法者起到教育作用,而且可以教育人们今后谁再做出此类行为也将受到同样的惩罚。再如,对合法行为的鼓励、保护可以对一般人的行为起到示范和促进作用。法的这种特殊教育作用对于提高公民的法律意识、权利意识、义务观念、责任感、遵守法律和纪律的自觉性,是不可或缺的。

⑥强制作用。法的强制作用在于制裁违法行为,它是其他作用的重要保障。通过制裁可以加强法的权威性,保护人们的正当权利,增强人们的安全感。制裁

的形式是多种多样的，如刑法中的管制、拘役、有期徒刑、无期徒刑、死刑等；民法中的停止侵害、排除妨碍、消除危险、返还原物、恢复原状、修理、重作、更换、赔偿损失、支付违约金、消除影响、赔礼道歉、训诫、收缴进行非法活动的财产和非法所得、罚款；经济法中的停止供应原材料、停产整顿、停止贷款；行政法中的警告、罚款、拘留、没收、停止营业等；宪法中的对国家和政府领导人的弹劾、罢免等。

再次是法的价值理论。法的价值是指法律满足人类生存和需要的基本性能，即法律对人的有用性。法的价值在指导人类的同时，又评价着人类关注的法与自己之间的关系及人类的相关思想与行为。法的价值体系包括了法的各种价值目标，如秩序、安全、效益、公平、自由、正义等，它指导着法的具体功能和作用的实现。从哲学的意义上讲，价值这一概念可以从两个基本方面来理解。首先，价值是一个表征关系的范畴，它反映的是人与外界的关系，揭示的是人的实践活动的动机和目的。人与外界之间的需要与满足的对应关系就是价值关系。在价值关系中，人是价值的主体，外界事物是价值的客体。其次，价值是一个表征意义的范畴，是用以表示事物所具有的对主体有意义的、可以满足主体需要的积极意义或客体的有用性。法的目的价值构成了法律制度所追求的社会目的，反映着法律产生和实施的宗旨，它是关于社会关系的理想状态是什么的权威性蓝图，也是关于权利义务的分配格局应当怎样的权威性宣告。它具有两方面的属性：一是法的目的价值的多元性。因为法调整的是多种多样的社会关系和千差万别的人的需求，所以其目的价值的多元性成为必然，例如，秩序、自由、效率和正义都是重要的目的价值，但却不是目的价值的全部。二是法的目的价值的有序性。即法所追求的诸多的目的价值是按照一定的位阶排列组合在一起的，当那些低位阶的价值与高位阶的价值发生冲突时，高位阶的价值就会被优先考虑。法的形式价值即法律制度在形式上所具有的价值，它是区分“良法”和“恶法”的依据。法的形式价值包含着许多内容，如公开性、稳定性、严谨性、灵活性、实用性、明确性、简练性等等。一句话，如果一个法律制度不具备形式上的优良品质、价值，它就不是“良法”，它追求的社会价值必然会归于虚幻。

法的各种价值之间有时会发生矛盾，从而导致价值之间的相互冲突。例如，要保证社会公平的实现,在很大程度上就必须以牺牲效率作为代价。从主体而言,法的价值冲突常常出现于三种场合:一是个体之间法律所承认的价值发生冲突,例如行使个人自由可能导致他人利益的损失;二是共同体之间价值发生冲突,例如国际人权与一国主权之间可能导致的矛盾;三是个体与共同体之间的价值冲突,典型的即如个人自由与社会秩序之间所常见的矛盾情形。就理想的社会而言,可以形成一种涵盖、平衡各种价值冲突的社会宽容,立法作为一种确立普遍规则的活动,也多是在这个意义上协调、平衡各种法的价值之间所可能会有的矛盾。例如,我国宪法第五十一条规定:"中华人民共和国公民在行使自由和权利的时候,不得损害国家的、社会的、集体的利益和其他公民的合法的自由和权利。"然而,由于立法不可能穷尽社会生活的一切形态,在个案中更可能因为特殊情形的存在而使得价值冲突难以避免,因而必须形成相关的平衡价值冲突的规则。在这个方面,可以采纳的原则主要有:

①价值位阶原则。这是指在不同位阶的法的价值发生冲突时,在先的价值优于在后的价值。正如拉伦兹所言:在利益衡量中,首先就必须考虑"于此涉及的一种法益较其他法益是否有明显的价值优越性"。就法的基本价值而言,主要是以上所言的自由、秩序与正义,其他则属于基本价值以外的一般价值(如效率、利益等)。但即使基本价值,其位阶顺序也不是并列的。一般而言,自由代表了人的最本质的人性需要,它是法的价值的顶端;正义是自由的价值外化,它成为自由之下制约其他价值的法律标准;而秩序则表现为实现自由、正义的社会状态,必须接受自由、正义标准的约束。因而,在以上价值之间发生冲突时,可以按照位阶顺序来予以确定何者应优先适用。

②个案平衡原则。这是指在处于同一位阶上的法的价值之间发生冲突时,必须综合考虑主体之间的特定情形、需求和利益,以使得个案的解决能够适当兼顾双方的利益。例如,在美国的"马修诉埃尔德雷奇"一案中,最高法院申明,在决定正当程序于特定的情况下所要求的具体内容时,它将审视三个因素:首先,"因官方行动将受到影响的私人利益";其次,"通过所诉诸的程序而错误剥夺此类利益的风险";再者,"政府的利益,包括牵扯的职能和其他的或替代的程序要求将需要

的财政及行政方面的负担”。由此可以看出,在有关该案的处理上,法院并不以“公共利益”作为高于“个人利益”的价值标准来看待,而是结合具体情形来寻找两者之间的平衡点。

③比例原则。价值冲突中的“比例原则”,是指“为保护某种较为优越的法价值须侵及一种法益时,不得逾越此目的所必要的程度”。例如,为维护公共秩序,必要时可能会实行交通管制,但应尽可能实现“最小损害”或“最少限制”,以保障社会上人们的行车自由。换句话说,即使某种价值的实现必然会以其他价值的损害为代价,也应当使被损害的价值减低到最小限度。

还有行政相对人理论。行政相对人,是指行政管理法律关系中与行政主体相对应的另一方当事人,即行政主体行政行为影响其权益的个人、组织。首先,行政相对人是指处在行政管理法律关系中的个人、组织。任何个人、组织如果不处在行政管理法律关系中而处在其他法律关系中,就不具有行政相对人的地位,不能赋予其“行政相对人”的称谓。行政管理法律关系包括整体行政管理法律关系和单个具体的行政管理法律关系。在整体行政管理法律关系中,所有处于国家行政管理之下的个人、组织均为行政相对人;而在单个的具体行政管理法律关系中,只有其权益受到行政主体相应行政行为影响的个人、组织,才在该行政法律关系中具有行政相对人的地位。其次,行政相对人是指行政管理法律关系中作为与行政主体相对应的另一方当事人的个人、组织。行政管理法律关系不同于民事法律关系,双方当事人的法律地位是不平等的:一方享有国家行政权,能依法对对方当事人实施管理,作出影响对方当事人权益的行政行为;而另一方当事人则有义务服从管理,依法履行相应行政行为确定的义务。有权实施行政管理行为的一方当事人在行政法学中谓之“行政主体”,而接受行政主体行政管理的一方当事人在行政法学中则谓之“行政相对人”。作为行政主体的一方当事人是行政机关和法律、法规授权的组织,作为行政相对人的一方当事人是个人、组织。行政机关和法律法规授权的组织在整体行政管理法律关系中虽然恒定地作为行政主体,但在具体的法律关系中,有时也会处于被其他行政主体管理的地位,成为行政相对人。最后,行政相对人是指在行政管理法律关系中,其权益受到行政主体行政行为影响的个人、组织。行政主体行政行为对相对人权益的影响有时是直接的，如行政处罚、行政强制措施、行政许可、行政征收等；有时影响可能是间接的，如行政主体批准公民甲在依法由公民乙经营的土地上盖房，该批准行为对公民甲权益的影响是直接的，而对公民乙权益的影响是间接的。作为个人、组织，无论其权益是受到行政主体行政行为的直接影响，还是间接影响，都是行政相对人。那种把行政相对人仅仅界定为行政主体行政行为直接对象的观点是不适当的，不利于行政法保护公民个人、组织合法权益的目的的最佳实现。

依据不同的标准，可以对行政相对人进行不同的分类。

①个人相对人与组织相对人。行政相对人以其是否有一定的组织体为标准，可以分为个人相对人和组织相对人。个人相对人不一定是单个的个人，在一定的具体行政法律关系中，行政主体的行为可能涉及多个个人，只要这些个人不构成一定的组织体，相互之间无组织上的联系，即使这些个人数量再多，其仍为个人相对人，而非组织相对人。作为行政相对人的个人主要指公民。在绝大多数行政管理领域，与行政主体发生法律关系的对方当事人都可能是公民，如行政许可、行政征收、行政给付、行政强制、行政处罚、行政裁决，公民都可以成为这些行政行为的直接或间接对象，从而作为行政管理法律关系的行政相对人。公务员在执行国家公务时是行政主体的代表，不具有行政相对人的地位，但其在非执行公务时则具有公民的身份，同样要接受各种有关的行政管理，成为行政管理法律关系中的行政相对人。非中国公民的外国人和无国籍人处在中国境内时，必须服从中国的法律，接受中国的行政管理，从而要与作为行政主体的行政机关和法律、法规授权的组织发生各种行政法律关系，成为行政管理法律关系中的行政相对人。作为行政相对人的组织，主要指各种具有法人地位的企业组织、事业组织和社会团体，包括在我国取得法人资格的外国企、事业组织。行政主体对社会、经济、文化等各项事业进行管理，其主要对象是各种法人组织。行政主体为实现行政管理目标，经常要对各种法人组织实施各种行政行为，如批准、许可、授予、免除、征收、给付、统计、裁决、处罚等。在这些行政行为所引起的行政管理法律关系中，法人组织都处于行政相对人的地位。除了法人外，非法人组织也可成为行政管理法律关系中的

行政相对人。所谓“非法人组织”，指经有关主管部门认可，准许其成立和进行某种业务活动，但不具备法人条件，没有取得法人资格的社会团体或经济组织，它们虽设有代表人或管理人，但不一定具有独立的财产、营业机构和组织章程。这些组织主要包括：经国家有关部门认可的从事一定生产或经营活动的经济实体（如合伙组织、联营组织等）；经一定主管机关认可的，处于筹备阶段的企业、事业组织或群众团体；经国家有关部门批准，在我国设立，经营一定业务或从事一定社会活动，但未取得我国法人资格的外国组织（如外国公司设立于我国的产品修理服务机构、商务代办处等）。这些组织虽然不具有法人资格，但同样必须接受国家行政管理，行政主体同样可以对它们实施各种行政管理行为，包括对它们发布行政命令，采取行政措施，科处行政处罚等。因此，非法人组织与法人组织一样，在行政管理法律关系中也处于行政相对人的地位。国家机关（包括国家行政机关）在行使相应国家职权时，是国家职权行为的主体，不能成为行政相对人。但国家机关实施非职权行为或处在非行使职权的场合、领域，如处在治安、交通、卫生、环境、规划、文化、体育等领域，则同样接受相应行政主体的管理，相应行政主体同样可以依法对之实施有关的行政行为。在这种场合，国家机关处于与一般法人或非法人组织同样的地位，是作为行政相对人而不是作为相应国家职权行为主体与行政主体打交道。组织作为行政相对人与行政主体打交道时，应由其法定代表人代表。组织的其他成员未取得组织法定代表人的授权，不能以组织的名义与行政主体发生行政法律关系。

②直接相对人与间接相对人。行政相对人以与行政主体行政行为的关系为标准，可以分为直接相对人和间接相对人。直接相对人是行政主体行政行为的直接对象，其权益受到行政行为的直接影响，如行政许可、行政给付的申请人；行政征收的被征收人；行政处罚的被处罚人；等等。间接相对人是行政主体行政行为的间接对象，其权益受到行政行为的间接影响，如治安处罚关系中受到被处罚人行为侵害的被害人；行政许可关系中其权益可能受到许可行为不利影响的与申请人有利害关系的人；行政给付关系中依靠给付对象扶养的给付对象的直系亲属，等等。直接相对人和间接相对人都是行政相对人，其权益受到行政行为侵害都可

以依法申请行政救济,但法律规定的救济途径、方式可能会有所区别。例如,同一个行政行为(如对销售假药劣药的行政处罚行为),直接相对人(被处罚人)不服,可以依法提起行政诉讼;而间接相对人(购买假药劣药的人),对行政处罚不服(如认为处罚太轻),目前尚不能提起行政诉讼。

③作为行为的相对人与不作为行为的相对人。行政相对人以影响其权益的行政行为的方式为标准,可分为作为行为的相对人与不作为行为的相对人。行政相对人权益受到行政行为作为方式影响的称为"作为行为的相对人",如行政征收、行政强制、行政裁决、行政许可、行政处罚的相对人均为作为行为的相对人;行政相对人的权益受到行政行为不作为方式影响的称为"不作为行为的相对人",如行政机关不履行法定职责,导致其人身权、财产权被侵害的相对人,行政机关不依法发给其抚恤金或者对其申请许可证照的请求不予答复的相对人,等等。作为行为的相对人的对方行政主体容易辨认,其权益受到侵犯较易于获得行政救济;不作为行为的相对人的对方行政主体有时较难辨认,某种法定职责究竟应归属于哪一行政主体,相对人可能一时难以了解,甚至有时法律对之规定得就不太明确,从而导致不作为行为的相对人权益受到侵犯时寻求法律救济的困难。当然,不作为行为的相对人对应负责任的行政主体不明确时,可以请求同级政府确认,同级政府不予确认时,该政府即构成不作为行为的主体。

④抽象相对人与具体相对人。行政相对人以行政主体行政行为影响其权益是否产生实际效果为标准,可以分为抽象相对人与具体相对人。行政行为对其权益尚未产生实际影响而仅仅具有潜在影响的相对人是抽象相对人,行政行为对其权益已产生实际影响的相对人是具体相对人。一般来说,抽象行政行为的相对人是抽象相对人,具体行政行为的相对人是具体相对人。但某些抽象行政行为不经过具体行政行为也会对相对人权益产生实际影响,如行政机关规定某种产品质量标准或包装标准的行为是抽象行政行为,这种行为将直接影响相对人的市场销售,从而对其权益产生实际影响。因此。某些抽象行政行为的相对人也可能是具体相对人。

⑤受益相对人与侵益相对人。行政相对人以行政主体行政行为对其权益影

响的性质为标准,可以分为授益相对人与侵益相对人。行政行为对其权益产生有利影响,即通过行政行为赋予其某种权益的相对人为授益相对人;行政行为对其权益产生不利影响,即行政行为使其失去某种利益或使其利益受到损害的相对人,为侵益相对人。一般来说,行政许可、行政给付行为的相对人为受益相对人;行政处罚、行政强制的相对人为侵益相对人。但是,行政许可、行政给付对于某些间接相对人来说,有时并非授益而是侵益;行政处罚、行政强制对于某些间接相对人来说,对其权益并非产生不利影响,而是产生有利影响。因此,区分授益相对人与侵益相对人不能只看行政主体行政行为的种类,而主要应看行政行为对相对人权益影响的性质。

行政相对人在实体法上的地位处在不停变化之中。行政活动是由法律规定的,一切行政活动都必须依法实施。公民的财产和自由,不受非法侵害,公民享有受行政保护的基本权利。保障公民在行政法律关系中的这种地位,是法治行政原理的内在要求。当违法或不当地行使行政权,给公民的财产和自由带来侵害时,或者行政主体怠慢于行政权的行使,没有给公民以法定的给付和保护时,公民有权请求排除行政权的违法或不当侵害,有权请求行政主体依法履行职责。只有从实体法上确立公民的这种权力和地位,才能确保法治行政原则的贯彻和实施,才能确保公民在现代行政中的主体地位。首先,法律保护的利益和反射性利益。当公民因行政活动蒙受损失或侵害时,并不一定都享有排除违法行政状态的请求权。国外行政法学传统理论认为,尽管有些行政法规是以保护公民个人利益为目的而制定的,但其大多数并不是为了保护特定公民的利益,而是为实现公共利益而制定的。因此,当法律特别规定保护私人的一定利益时,该利益称为“法律保护的利益”或“法律上的利益”。由于行政主体的违法作为或不作为,法律保护的利益受到损害时,当事人有权请求排除违法行政状态[法律上的利益,通过向法院提起诉讼,请求排除行政主体的违法作为(排除违法行政状态的请求权),或者请求行政主体依法行使行政权(行政介入请求权)]。相反,当法律完全是为了实现公共利益,而不是以保护特定个人利益为目的时,行政作用依法实施的结果,即使给私人带来利益,那也不是私人的权利,只不过是反射性利益而已。所以,若该反射性利益受到侵害,公民个人无权以此为理由请求救济。随着公民对行政的依赖度的提高及公民权利意识的提高,人民逐渐将包括给付行政领域在内的所有行政主体与行政相对方的关系看作权利义务关系,将传统上认为是反射性利益的事项尽量解释为法律保护的利益。难以判断时,则推定其为个人的法律利益,这种权利推定的理论,正在为越来越多的学者和法律工作者所接受。扩大解释法律保护的利益的范围,对于保护相对方的权益,具有极其重大的意义。其次,排除违法行政的请求权和行政介入请求权前述有关法律上的利益和反射性利益的二分论,是以公共利益和私人利益的二元论为前提的。然而,在现代民主政治的国度里,所谓公共利益,最终不过是国民的私人利益的集合而已。因此,公共利益和私人利益的区分在原理上是难以成立的。那么,法律上的利益和反射性利益的二分论,在理论上也是难以维持的。在现代法治国家中,人民享有不受违法行为侵害的自由。以此广泛的自由权为前提,只要公民因行政主体的违法作为或不作为而受到侵害时,作为实体法上的权利,原则上应当承认其对行政的违法作为有排除违法行为的请求权,对行政的违法不作为有行政介入请求权。无论是否存在法律的明文规定,对于因行政的违法作为或不作为使个人生活利益受到实质且具体的侵害的,都必须广泛地给予其请求救济的机会。也就是说,为了从确立法治行政的原理和保障人权的角度公正地解决行政上的纠纷,司法机关应该排除法律上的利益和反射性利益的二分论,尽量广泛地承认公民个人的诉讼权利。因行政主体的违法作为或不作为而受到侵害的公民,原则上享有排除违法行政的请求权和行政介入请求权。

行政相对人在程序法上的地位也处在不停演进之中。大陆法系的传统理论认为,行政活动的适当与否,主要决定于其内容在客观上是否符合法律规定。也就是说,只要其结果合法,作出行政判断的程序是否公正合理,根本不被作为问题考虑。而英美法理论则认为,行政主体要依据法律作出内容正确的最终判断,首先必须要求形成其判断的程序是公正的。行使行政权,必须履行公正程序,不公正的程序一般是不会产生公正结果的。随着程序权利观念的不断发展和深入,不仅英美法系,而且包括大陆法系的世界各国对行政程序越来越重视,相对方在行政程序法上的权利,成为现代行政法学研究的一个重要课题。首先是公民参与制定行政法规范或计划的权利。人民是国家统治权的最终归属者,作为国家统治权的具体形态之一的行政权,其根本宗旨在于为实现人民的利益(即公共利益)服务。因此,行政权的内容和具体行使过程,都应该反映人民的意志。人民除通过其代表机关制定法律,为行政主体提供基本的存在依据和行为准则外,还有权参与制定较具体的行政法规范或行政计划等。制定具体的行政法规范(行政立法)和制订行政计划等,是宪法和法律赋予行政主体的权能,有关部门或机关可以依据其职权独立行使之。但是,由于现代国家行政的复杂多样化,涉及方方面面的利益,为了确保行政的公正行使,统一、综合各阶层的意见,以形成行政上的共同意志,在制订行政计划或进行行政立法时,必须履行一定的程序,如公证会、论证会等,实行公开化行政程序。随着行政民主化要求的不断高涨,这种广泛吸收公民参加行政过程的程序权利保障,必将越来越多地运用于各个行政领域,成为现代法治行政中人权保障的重要内容之一。公民有听证的权利。在行政行为作出之前,特别是在损益性行政行为作出之前,必须保障公民有听证的权利。行政主体作出行政行为,是其当然的权限和职责,但是,不应依据自己的主观武断,而应在履行公正程序、广泛听取各界意见的基础上作出。特别是作出损益行政行为时,行政机关必须事前告知相对方有关行政行为的事实、理由和依据等,给予相对方以充分的辩论机会,以求得明确、清楚地认定事实,从而公正地作出合法、合理的行政行为。只要充分履行了这种事前听证程序,经过事实审理后再作出行政行为,就可以一定程度的从程序上避免行政机关的独断专横,避免非法的侵益行政行为侵害公民合法权益的事态的发生。这种程序对于当事人权利的事前预防性保护,无疑具有重大的意义。现在,不仅众多学者重视对事前行政程序的研究,而且各国相继制定了行政程序法,从法律上保障了相对方的听证权。可以说,对于听证权的保障,特别是对于侵益行政行为中的听证权的保障,是法治行政原理的本质性要素,有必要进行深入的研究。

行政相对人的法律地位主要表现在下述三个方面。首先,行政相对人是行政主体行政管理的对象。行政相对人必须服从行政主体的管理,履行行政主体行政行为为之确定的义务,遵守行政管理秩序,否则,行政主体可以对之实施行政强制或行政制裁。其次,行政相对人也是行政管理的参与人。在现代社会,行政相对人不只是被动的管理对象,同时也要通过各种途径、各种形式,积极地参与行政管理,如通过批评、建议、信访、听证会、意见征求会等形式参与行政立法和其他各种行政规范性文件的制定;通过告知、听取意见陈述、申辩、提供证据、听证、辩论等行政程序参与具体行政行为的实施。行政相对人对行政管理的参与是现代民主的重要体现。最后,行政相对人在行政救济法律关系和行政法制监督关系中可以转化为救济对象和监督主体。行政相对人在其合法权益受到行政主体侵犯后,可以依法申请法律救济,成为行政救济法律关系的一方主体。同时,作为行政相对人的个人、组织,绝大多数在国家政治关系中具有国家主人的地位,在宪法关系中是国家权力的归属者,从而对行政主体行使国家行政权的行为可以实施监督,成为行政法制监督的主体。

行政相对人的法律地位具体体现为相对人的权利、义务。根据我国有关法律、法规的规定和行政法理,行政相对人在行政法律关系中主要享有下述权利:一是申请权。行政相对人有权依法向行政主体提出实现其法定权利的各种申请,如申请办理许可证照;申请取得抚恤金、补助金、救济金,在合法权益受到侵犯时,申请获得法律保护,等等。二是参与权。行政相对人有权依法参与行政管理。如参与行政法规、规章及行政政策的制定(参加讨论、听证、论证等);参与国民经济和社会发展计划的编制和实施;参与与自身有利害关系的具体行政行为的相应程序等。三是了解权。行政相对人有权依法了解行政主体的各种行政信息,包括各种规范性法律文件、会议决议决定、制度、标准、程序规则,以及与行政相对人本人有关的各种档案材料。除法律、法规规定应予保密的外,相对人均有权查阅、复制。四是批评、建议权。行政相对人对行政主体及其工作人员实施的违法、不当的行政行为有权提出批评,并有权就如何改善行政主体的工作和提高行政管理质量提出建议、意见。五是申诉、控告、检举权。行政相对人对行政主体及其工作人员作出的对其本身不公正的行政行为有权申诉,对行政主体及其工作人员的违法、失职的行为有权控告或检举。六是陈述、申辩权。行政相对人在行政主体作出与自身权益有关特别是不利的行为时，有权陈述自己的意见、看法，提供有关证据材料，进行说明和申辩。七是申请复议权。行政相对人对行政主体作出的具体行政行为不服，有权依法申请复议。八是提起行政诉讼权。行政相对人对行政主体作出的具体行政行为不服，有权依法提起行政诉讼。九是请求行政赔偿权。行政相对人在其合法权益被行政主体违法侵犯并造成损失时，有权请求行政赔偿。十是抵制违法行政行为权。行政相对人对于行政主体实施的明显违法或重大违法的行政行为有权依法予以抵制，如抵制没有法律根据的摊派、罚款和收费等。根据我国有关法律、法规的规定和行政法理，行政相对人在行政关系中主要应履行下述义务：一是服从行政管理的义务。行政相对人在行政管理法律关系中，行政相对人的首要义务是服从行政管理。具体指遵守行政机关发布的行政法规、规章和其他规范性文件；执行行政命令、行政决定；履行行政法上的各项义务。二是协助公务的义务。行政相对人对行政主体及其工作人员执行公务的行为，有主动予以协助的义务。例如，配合公安机关维持社会秩序，协助人民警察追捕违法犯罪分子或抢救交通事故致伤人员，必要时为公务人员提供交通工具或执行公务所必要的其他设施，如防洪、灭火器材等。三是维护公益的义务。行政相对人有义务维护国家和社会公共利益。在国家和社会公共利益正受到或可能受到损害或威胁时，行政相对人应采取措施，尽可能防止或减少损害的发生。行政相对人因维护公益致使本人财产或人身受到损失或伤害，事后可请求国家予以适当补偿。四是接受行政监督的义务。行政相对人在行政管理法律关系中，要接受行政主体依法实施的监督，包括检查、审查、检验、鉴定、登记、统计、审计，向行政主体提供情况说明及有关材料或报表、账册等。五是提供真实信息的义务。行政相对人在向行政主体申请提供行政服务（如申请许可证照）或接受行政主体监督时，向行政主体提供的各种信息资料应真实、准确，如果故意提供虚假信息，将要为之承担相应的法律责任。六是遵守法定程序的义务。行政相对人无论是请求行政主体实施某种行为，还是应行政主体要求作出某种行为，均应遵守法律法规规定的程序、手续；否则可能导致自己提出的相应请求不能实现，甚至要为之承担相应的法律责任。

(2)社会排斥理论

20世纪60年代,法国一部分政治家、活动家、官员、新闻记者和学者常常在意识形态这个角度上模糊地提到穷人是“受排斥者”。后来,法国学者勒内·勒努瓦首次提出了“社会排斥”概念并流行于法国,这个概念主要强调的是个体与社会整体之间的一种断裂。从社会排斥成因方面来分析,可以分为两类:结构性的社会排斥与功能性的社会排斥。功能性社会排斥是指被排斥的个体、群体或组织因为自身功能上的欠缺而处于一种被排斥状态。结构性的社会排斥是因为社会结构的不合理而造成的一种社会排斥。这种社会结构包括通过制度确定下来的社会等级构成以及社会发展过程中自发形成的一种结构与分层。社会排斥现象违背了社会公正原则,整个社会存在着一群被排斥的对象,他们的各项权益都被侵犯或者剥夺,这与社会公正的原则是背离的。

社会排斥的类型整理归纳为以下几个方面:一是从社会排斥成因方面来分析,可以分为以下两类:结构性的社会排斥与功能性的社会排斥。功能性的社会排斥就是指被排斥的个体、群体或组织因为自身功能上的欠缺而处于一种被排斥状态。结构性的社会排斥则是因为社会结构的不合理而造成的一些社会排斥。社会结构包括通过制度确定下来的社会等级构成以及社会发展过程中自发形成的一种结构与分层。二是从人类生活的不同领域出发,可以分为经济层面的社会排斥、政治层面的社会排斥以及文化层面的社会排斥三个方面。经济层面的社会排斥是指人们在获取劳动生活资料的过程中所遭遇到的不公正对待,经济层面社会排斥的一个最直接后果就是造成贫困。政治层面的社会排斥是指人们参与政治时权利的不足或被剥夺,这种排斥在前现代阶段普遍存在,它是通过明确的法令制度规定不同的人享有不同的政治权利。文化层面的社会排斥最明显的体现就是种族中心主义或者说是文化中心主义,以自己或本民族的文化为标准或中心来衡量其他人群或其他民族,它不一定是持不同文化的民族之间才存在这种排斥,同一民族中不同文化观念的群体也会排斥异于自己的群体。三是客观的社会排斥与主观的社会排斥。有一部分人按照某种标准来看,是处于一种被剥夺被排斥的状态,但由于某些因素的影响,他们并不感到自己遭遇排斥。主观的社会排斥是指某些社会成员根据自己的主观判断,认定自己处于被排斥状态。四是显性的社会排斥与隐性的社会排斥。显性的社会排斥是通过明确的制度、政策、法律、习俗的规定,将一部分人排除于享受正常的社会权利之外,隐性的排斥是在一些看似平等的游戏规则之下,但却因为文化上、偏见上、习惯上或游戏执行过程中裁判者的原因而造成实际上的不公正。五是被动的社会排斥与主动的社会排斥。被动接受社会排斥者并不是出于自己的主观意愿,而是因为外在的原因或自身的先天性因素而处于一种边缘化的状态。而一些主动脱离社会者,往往是在一种亚文化的引导下,因其不认同主流社会而主动逃离。

社会排斥所造成的不良后果是方方面面的,主要有以下几个表现:一是导致贫困,二是不利于社会整合,三是造成被排斥者巨大的社会焦虑和心理压力,四是违背了社会公正原则。

(3)劳动和社会保障法理论

劳动法是调整劳动关系以及与劳动关系密切联系的其他社会关系的法律规范。社会保障法是国家为维护社会安定和经济稳步发展而制定的,保障社会成员基本生活需要和经济发展享受权的各种法律规范的总称。这两个法律的构建有重要意义:第一是明确了劳动和社会保障是公民所享有的一项权利;第二是每个公民所享有的这种权利是平等的,这里的平等我们应该理解为机会是平等的。社会保障是指国家通过立法,积极动员社会各方面资源,保证无收入、低收入以及遭受各种意外灾害的公民能够维持生存,保障劳动者在年老、失业、患病、工伤、生育时的基本生活不受影响,同时根据经济和社会发展状况,逐步增进公共福利水平,提高国民生活质量。

社会保障是劳动力再生产的保护器。社会保障的功能之一就是在劳动力再生产遇到障碍时给予劳动者及其家属以基本生活、生命的必要保障,以维系劳动力再生产的需要,从而保证社会再生产的正常进行。社会保障是社会发展的稳定器。通过社会保障对社会财富进行再分配,适当缩小各阶层社会成员之间的收入差距,避免贫富悬殊,使社会成员的基本生活得到保障,能协调社会关系,维护社会稳定。社会保障是经济发展的调节器。社会保障对经济发展的调节作用主要体现在对社会总需求的自动调节作用。在经济萧条时期,一方面由于失业增加、收入减少,用于社会保障的货币积累相应减少;另一方面,因失业或收入减少而需要社会救济的人数增加,社会用于失业救济和其他社会福利方面的社会保障支出也相应增加。这使社会保障的同期支出大于收入,从而刺激了消费需求和社会总需求。在经济繁荣时期,其作用则正好相反。社会保障具有促进发展的功能。社会保障制度在产生初期或许主要体现出稳定与调节功能,但发展到已经明显的具备了促进发展的功能。主要表现在:一是能够促进社会成员之间及其与整个社会的协调发展,使社会生活实现良性循环:二是能够加快遭受特殊事件的社会成员重新认识发展变化中的社会环境,适应社会生活的变化;三是能够促进使社会成员的物质与精神生活水平提高;四是能够促进政府有关社会政策的实施;五是能够促进社会文明的发展。另外,在经济领域,社会保障通过营造稳定的社会环境促进着经济的发展,同时透过社会保障基金的运营直接促进着某些产业的发展。社会保障具有互助的功能。社会保障实质上体现了互惠互助以及在互惠互助中的他助与自助。社会保障采用责任分担机制,所以是一种以互助为基石并在互助中使风险得到化解。社会保障还具有防控风险、资本积累等功能。此外,社会保障可以解除劳动力流动的后顾之忧,使劳动力流动渠道通畅,有利于调节和实现人力资源的高效配置。

西方各国的社会保障制度虽然在缓解劳资矛盾、维护资本主义生产方式、保持经济和社会稳定等方面发挥了相当大的作用,但也由于失业、通货膨胀、人口老化等因素的长期困扰而面临危机:一是过度保障使社会保障支出日益膨胀,财政不堪重负;二是福利的平均化和救济过度造成受益不公,致使人们的工作欲望减弱、而对政府和社会的依赖心理加重,使效率受损;三是社会保障管理机构膨胀,管理费用增加,造成社会保障资金流失。为改变这一被动局面,西方各国普遍对社会保障制度进行了调整和改革,使之出现了新的发展趋势。第一,提高社会保障费率,广辟资金来源渠道,增加社会保障收入;第二,降低过高的社会保障标准,减少社会保障支出;第三,减少国家干预,强化市场机制对社会保障的调节作用,使社会保障制度从“国有化”向“私有化”转变,让私有企业在社会保障体系中发挥更重要的作用;第四,鼓励发展商业性保险;第五,将社会保障基金的现收现付制改为现收现付和个人资本积累相结合的混合制,以增强个人的自我保障意识和责任。

(4)系统论

系统论的基本思想方法,就是把所研究和处理的对象,当作一个系统,分析系统的结构和功能,研究系统、要素、环境三者的相互关系和变动的规律性,并优化系统观点看问题。世界上任何事物都可以看成是一个系统,系统是普遍存在的。整个世界就是系统的集合。

系统论的出现,使人类的思维方式发生了深刻的变化。以往研究问题,一般是把事物分解成若干部分,抽象出最简单的因素来,然后再以部分的性质去说明复杂事物。这是笛卡尔奠定理论基础的分析方法。这种方法的着眼点在局部或要素,遵循的是单项因果决定论,虽然这是几百年来在特定范围内行之有效、人们最熟悉的思维方法。但是它不能如实地说明事物的整体性,不能反映事物之间的联系和相互作用,它只适应认识较为简单的事物,而不胜任对复杂问题的研究。在现代科学的整体化和高度综合化发展的趋势下,在人类面临许多规模巨大、关系复杂、参数众多的复杂问题面前,就显得无能为力了。正当传统分析方法束手无策的时候,系统分析方法却能站在时代前列,高屋建瓴,综观全局,别开生面地为现代复杂问题提供了有效的思维方式。所以系统论,连同控制论、信息论等其他横断科学一起所提供的新思路和新方法,为人类的思维开拓新路,它们作为现代科学的新潮流,促进着各门科学的发展。系统论反映了现代科学发展的趋势,反映了现代社会化大生产的特点,反映了现代社会生活的复杂性,所以它的理论和方法能够得到广泛的应用。系统论不仅为现代科学的发展提供了理论和方法,而且也为解决现代社会中的政治、经济、军事、科学、文化等方面的各种复杂问题提供了方法论的基础,系统观念正渗透到每个领域。

系统论的基本思想方法,就是把所研究和处理的对象,当作一个系统,分析系统的结构和功能,研究系统、要素、环境三者的相互关系和变动的规律性,并优化系统观点看问题。世界上任何事物都可以看成是一个系统,系统是普遍存在的。

大至渺茫的宇宙，小至微观的原子，一粒种子、一群蜜蜂、一台机器、一个工厂、一个学会团体等，都是系统，整个世界就是系统的集合。系统是多种多样的，可以根据不同的原则和情况来划分系统的类型。按人类干预的情况可划分自然系统、人工系统；按学科领域就可分成自然系统、社会系统和思维系统；按范围划分则有宏观系统、微观系统；按与环境的关系划分就有开放系统、封闭系统、孤立系统；按状态划分就有平衡系统、非平衡系统、近平衡系统、远平衡系统等。此外还有大系统、小系统的相对区别。

（5）需求层次理论

马斯洛需求层次理论是人本主义科学的理论之一，由美国心理学家亚伯拉罕·马斯洛于1943年在《人类激励理论》论文中所提出。书中将人类需求像阶梯一样从低到高按层次分为五种，分别是：生理需求、安全需求、社交需求、尊重需求和自我实现需求。需求层次理论有两个基本出发点，一是人人都有需要，某层需要获得满足后，另一层需要才出现；二是在多种需要未获满足前，首先满足迫切需要，该需要满足后，后面的需要才显示出其激励作用。一般来说，某一层次的需要相对满足了，就会向高一层次发展，追求更高一层次的需要就成为驱使行为的动力。相应地，获得基本满足的需要就不再是一股激励力量。五种需要可以分为两级，其中生理上的需要、安全上的需要和感情上的需要都属于低一级的需要，这些需要通过外部条件就可以满足；而尊重的需要和自我实现的需要是高级需要，它们是通过内部因素才能满足的，而且一个人对尊重和自我实现的需要是无止境的。同一时期，一个人可能有几种需要，但每一时期总有一种需要占支配地位，对行为起决定作用。任何一种需要都不会因为更高层次需要的发展而消失。各层次的需要相互依赖和重叠，高层次的需要发展后，低层次的需要仍然存在，只是对行为影响的程度大大减小。马斯洛和其他的行为心理学家都认为，一个国家多数人的需要层次结构，是同这个国家的经济发展水平、科技发展水平、文化和人民受教育的程度直接相关的。在发展中国家，生理需要和安全需要占主导的人数比例较大，而高级需要占主导的人数比例较小；在发达国家，则刚好相反。马斯洛需求层次理论对于研究农民土地流转的内在动机有理论基础意义。

（二）农民社会保障问题调查在法学实践教学中的应用

实践教学是法学专业愈来愈强调的教学模式。实践教学模式改革的主要目标是改变过于强调纯理论知识的灌输和探讨的教学模式，强调法学专业本科学生的综合素质培养，主要是法学专业本科学生实际分析及处理法律实务案件和实际解决纠纷能力的培养。《教育部、中央政法委员会关于实施卓越法律人才教育培养计划的若干意见》指出："强化法学实践教学环节。加大实践教学比重，确保法学实践环节累计学分（学时）不少于总数的15%。""加强校内实践环节，开发法律方法课程，搞好案例教学，办好模拟法庭、法律诊所等。""充分利用法律实务部门的资源条件，建设一批校外法学实践教学基地，积极开展覆盖面广、参与性高、实效性强的专业实习，切实提高学生的法律诠释能力、法律推理能力、法律论证能力以及探知法律事实的能力。"这是法学专业强化实践教学的教育部官方指导意见。

社会调查方法是有目的、有计划、有系统地搜集有关研究对象社会现实状况或历史状况材料的方法。社会调查方法是研究性学习专题研究中常用的基本研究方法，它综合运用历史研究法、观察研究法等方法以及谈话、问卷、个案研究、测验或实验等科学方式，对有关社会现象进行有计划的、周密的、系统的了解，并对调查搜集到的大量资料进行分析、综合、比较、归纳，借以发现存在的社会问题，探索有关规律的研究方法。

目前而言，法学专业特色实践教学与社会调查的理论研究都比较多，且形成一定的理论成果和系列论断。学者黄本莲、刘慧频在《试论社会调查在法学教育中的应用》（湖北社会科学，2008/01）指出："社会学法学的研究成果拓展了法学思维范式及研究方法，也为法学教育方式的更新提供指导意义。社会调查在提高学生法律实践能力方面具有独特的功能，可在法学教育中广泛应用。"学者胡辉、周世中在《社会调查与法科学生实践能力培养的理论与实践——"应用法学专业'需求导向型'实践性教学的改革与探索"成果之二》（高教论坛，2008/05）指出："社会调查是为了让学生了解社会生活中的具体事实、获得对社会的正确认识，通过组织学生进行实地调查研究的一项实践活动。它对提升法科学生的实践能力有着至关重要的作用。"学者程皓、杨熠在《社会调查与高校法学专业实践教学改革》

（职业时空，2009/08）指出："将社会调查方法纳入高校法学专业实践教学体系，是法学专业学科发展的必然要求和教学改革的发展方向，也是培养高素质法律专业人才的现实需要。在法学教学中实施社会调查，应当积极发挥院校组织作用，重视师资队伍培养和配套课程建设，完善调查过程监控，及时总结调查成果。"学者郭庆珠、黄国富在《社会调查在法学实践教学中的应用研究》（净月学刊，2013/02）指出："社会调查与现代法学教育人才培养目标有很好的契合性，是法学实践教学的重要方法之一。在法学实践教学中运用社会调查，可以提升学生的实践和思辨能力，有助于现代复合型法律人才的培养。社会调查的反思性可以促使法律价值的规范性表达更为科学化，并且能够打破法学理论自我封闭的趋势，扩大法律体系的开放性，为实定法的完善提供动力。社会调查在法学实践教学中真正起到作用，需要学生在掌握必要的法律知识、社会调查方法的基础上与教学活动实现良好的互动。"学者付胥宇在《论法学专业学生在社会调查中的"五个结合"》（当代教育实践与教学研究，2016/01）指出："社会调查是法学专业学生进行社会实践的重要环节。提升社会调查能力要考虑法学专业的特点，强调'提出问题'与'大胆假设'的结合，调查方法和调查目的的结合，客观事实和主观无涉的结合，调查信度与调查效度的结合，注重积累和善用工具的结合，这样才可能形成科学的调查结论。"以上研究对于法学专业实践教学中社会调查方法的运用，奠定了坚实的理论基础。法学专业实践教学中社会调查技巧主要有以下几种。

（1）选择较优的社会调查模板

可以作为法学本科农民工权益社会调查思路设置模板的是国务院农民工办课题组著述的《中国农民工发展研究》（中国劳动社会保障出版社，2013 年）。该研究成果包含的中国农民工发展研究总报告、中国农民工发展研究专题报告、农村劳动力转移就业专题研究报告、农民工职业培训专题研究报告、输入地农民工调查抽样方法研究、农民工社会保障专题研究报告、农民工劳动权益维护专题研究报告、关于完善和保障农民工土地权益的研究报告、关于农民工在城镇落户问题的研究报告、关于加强农民工劳动权益保护问题的研究报告等部分，其调研工作的统筹协调、整体设计与总体规划再到社会调查研究报告，是极优的模板。

另一个可资法学本科学生学习的课外辅导资料是学者杜海峰著《农民工生存与发展状况调查报告》(社会科学文献出版社,2015 年)。该著述以 2012 年西安市农民工抽样调查数据为基础,从代际、区域以及性别等视角出发,关注经济社会快速转型以及城镇化进程加快背景下,西部中心城市农民工个人的人力资本、社会资本等主要资本禀赋情况,分析农民工在城市中就业、婚姻、社会融合、失范与安全、政治参与以及对政府的信任等方面的现状,以期多方面、多层次地揭示西部中心城市农民工生存与发展的特征、规律和存在的问题,为促进农民工社会融合、推动西部地区城镇化进程、实现社会可持续发展提出对策建议。

(2)善用各种社会调查方法

常见的适合法学本科学生的社会调查方法主要有:首先是中国知网文献调查法,这是最省事不用沐风栉雨的方法,学生学习完毕文献检索课程,一般即具备初级文献检索技能。其次应该是发放问卷调查法,实践中这是法学本科学生热衷的方法,一般在调查时,闹市街头,果园田间,小区村庄,全是学生身影,一般具有规模大,学生热情高,受访群体对学生接纳度高等特点。其基础工作是问卷的基本结构设计,需要平和,易于统计,没有可能违法的敏感问题。其他还有网络问卷调查法,只要去问卷网站注册再向社会发送网站链接,即可初步完成。还有访谈法,深入农民工居住区,逐个访谈记录。

(3)指导教师善于组织和及时点拨指导

在法学本科学生农民工权益保障社会调查中,学生初入社会,方法不多,需要教师首先灌输传授农民工权益保障的社会调查方法。其次需要指导教师善于组织,规划社会调查方案,寻找适合的安全的农民工群体对象。最后是指导教师应当积极参与其中,及时提供点拨指导,使法学本科学生由社会调查生手迅速进入适格调研者状态。

在土地流转中如何在法律层面保障农民权益是一项亟待解决而又相当艰巨的任务。恰恰这个选题,十分适合法学本科学生,作为社会调查技能训练的样板。农民权益保障的成就也能给参与社会调查的法学本科学生提供正能量的主流价值观教育。

四、土地流转中的违法责任问题

土地违法行为法律责任，是指行为人对其实施的违反土地管理法律、法规规定的行为，所应当承担的不利的法律后果。土地违法行为的法律责任可分为行政法律责任和刑事法律责任，其中行政法律责任分为行政处罚和行政处分。行政法律责任，是指单位或个人实施了土地违法行为，尚不构成刑事犯罪，依法应当承担的一种行政责任，包括作为管理方的行政机关和作为管理相对方的行政相对人两方面的责任。管理方承担的法律责任主要是行政处分；行政相对人承担的法律责任包括行政处罚和行政处分。刑事法律责任，是指行为人实施了违反土地管理法律、法规的行为，依照刑法有关规定构成犯罪，应当予以刑事处罚的一种法律后果。此外，责任人如果是党员的，还可依据《中国共产党纪律处分条例》相关规定作出处理。土地违法行为的刑事责任：在刑法中有明确规定，共涉及三个条款，四项罪名：第二百二十八条非法转让、倒卖土地使用权罪，第三百四十二条非法占用农用地罪，第四百一十条非法批准征用、占用土地罪和非法低价出让国有土地使用权罪。

（一）土地违法行为刑事责任的理论基础

刑事责任是刑事法律规定的，因犯罪而引起的，国家强制犯罪人承受的与其行为危害性和人身危险性相当的刑事处罚或其他刑事性否定评价的负担。关于刑事责任，我国现行刑法并未给出明确的定义，长期以来，刑事责任在很大程度上被认为是刑罚的同义语。现在关于刑事责任的各种学说众说纷纭，有法律后果说、法律责任说、刑罚处罚说、法律关系说、否定评价说、法律义务说、心理状态或法律地位说等。

①法律后果说。法律后果说从法律的层面对刑事责任进行界定，持此说的学者认为刑事责任是一种法律后果或国家强制方法。例如，有观点认为："刑事责任是犯罪主体实施刑事法律禁止的行为必须承担的法律后果。"另有观点认为："刑事责任是犯罪主体因给社会造成严重危害，而必须承受的由法院依法确定的一种否定性后果。"

②法律责任说。持此说的学者认为刑事责任是行为人实施犯罪行为所应承担的一种法律上的责任。但没有区分同为法律责任的民事责任、行政责任与刑事责任间的联系和区别，简言之，就是该说并没有将刑事责任的特殊性完全地表现出来。该说有学者认为："刑事责任作为一种消极责任，是由于负有某种义务的人没有履行应该履行的义务或违反了禁止性的义务而应承担的社会强加给他的一种法律责任。""刑事责任是实施刑事法律禁止的行为所必须承担的刑事法律规定的责任。""刑事责任是国家司法机关依照法律规定，根据犯罪行为以及其他能说明犯罪的社会危害性的事实，强制犯罪人担负的法律责任。"

③刑罚处罚说。该说将刑事责任等同于刑罚处罚，认为刑事责任就是国家基于犯罪人所实施的犯罪所给予的刑罚处罚。如有的学者认为："刑事责任是行为人对其犯罪行为引起的法律后果的承担，这种后果从国家方面看，表现为主要由国家审判机关依据刑法及其他刑事法律规范对犯罪人及犯罪行为的制裁。""刑事责任，就是触犯刑事法律的人，应当受到公安、司法机关依法追究，承担管制或拘役、有期徒刑、无期徒刑、死刑或罚金、剥夺政治权利、没收财产等八种刑罚处罚。"这些观点主要因为早期对刑事责任的研究还不成熟，刑法学中还未能确立刑事责任应有的独立地位，以至于将刑罚处罚视作刑事责任的同义语。

④法律关系说。持此说的学者认为刑事责任就是实施犯罪的行为人与国家之间所形成的刑法上的法律关系或权利义务关系。有的学者认为："刑事责任是国家与犯罪人之间的一种刑事法律关系，是刑法、刑事诉讼法和刑罚执行法等刑事法律关系的总和。""刑事责任实质上是一种刑事法律关系，这种刑事法律关系是犯罪人与国家之间形成的权利和义务关系。"

⑤否定评价说。持此说的学者认为刑事责任是国家和社会对实施犯罪行为的人所进行的一种否定性的评价和谴责。这种否定评价，可为法律上的否定评价和道义上的否定评价。例如，有学者认为："所谓刑事责任，是指实施犯罪行为的人应当承担的人民法院依照刑事法律对其犯罪行为及其本人所作的否定性评价和谴责。"另有学者认为："所谓刑事责任，就是指犯罪人因其实施犯罪行为而应承担的国家司法机关依照刑事法律对其犯罪行为及其本人所作的否定性评价和谴

责。”这些观点都无一例外地将刑事责任视为对犯罪人法律上的否定评价。完全持道义上的否定评价说观点的学者较少。

⑥刑事义务说。持此说的学者认为刑事责任是实施犯罪行为的人应当接受国家所给予的刑法上义务，但对于义务的性质，该说并没有予以科学的说明。如，有的学者认为：“刑事责任是犯罪分子根据法律规定，因其犯罪行为向国家承担实体性刑事义务的总和。”

⑦心理状态或法律地位说。这种观点并不是从与犯罪相对应的后果角度论述刑事责任的，而是认为刑事责任是一种主观心理态度，将我国刑法中的刑事责任同德日等大陆法系国家刑法中的刑事责任等同起来了。我国刑法学界持这种观点的学者非常少。

（二）刑事责任的特征

刑事责任具有以下特征：一是强制性。刑事责任是一种由犯罪行为所引起的国家强制犯罪人承担的法律责任。二是严厉性。刑事责任是性质最为严重、否定性评价最为强烈、制裁后果最为严厉的法律责任。三是专属性。刑事责任只能由犯罪的个人或单位承担，具有专属性，不可转嫁，不能替代。即罪责自负，刑罚止于一人。四是准据性。刑事责任是犯罪事实的综合反映，也是刑法规范的现实化，刑事责任为确定刑罚提供根据和标准。刑事责任一经确定，犯罪人和被害人均不能自行变更，正是基于此公诉案件不允许私了。五是否定性。刑事责任以刑事处罚和其他刑事性否定评价为内容。

关于刑事责任在刑法学体系中应处的地位，学界看法并不一致，大致有以下几种观点：一是基础理论说，认为刑事责任在价值功能上，具有基础理论的意义，它所揭示的是刑法的基本原理，它的具体内容应当有犯罪论、刑罚论和罪刑各论。二是罪、责平行说，认为犯罪是刑事责任的前提，刑事责任是犯罪的法律后果（但不同于刑罚这一法律后果），刑罚、非刑罚处理方式等都是刑事责任的实现方式，虽然这些实现方式都是犯罪的法律后果，但它们首先是刑事责任的后果，没有刑事责任就没有刑罚和非刑罚的处理方法，因此，刑罚是刑事责任的下位概念，是从属于刑事责任的。三是罪、责、刑平行说，认为犯罪、刑事责任、刑罚是各自独立又互相联系的三个范畴,刑事责任具有区别于犯罪和刑罚的独立性。刑事责任同犯罪的区别在于,犯罪是违反刑法的事实,而刑事责任可以脱离刑罚而独立存在,所有犯罪都要负刑事责任,但并非对所有犯罪都要施以刑罚,刑罚是实现刑事责任的基本形式。刑事责任填补了罪与刑之间的空白,从而形成了一个解决复杂问题的前后贯通、层层深化的全面细致考察问题的线索。罪、责、刑平行把刑事责任视为联结犯罪与刑罚的纽带,三者各自独立又相互联系,基本上符合我国现行刑法的规定。

(三)刑事责任的根据

所谓刑事责任的根据,从犯罪人方面说,实际上是承担刑事责任的根据,它回答犯罪人基于何种理由承担刑事责任问题;从国家方面说,是追究刑事责任的根据,它回答国家基于何种理由追究犯罪人的刑事责任的问题。二者是完全一致的。刑事责任是质与量的统一,刑事责任的根据也存在质与量的根据问题。所谓质的根据,是回答行为人应否负刑事责任的问题;所谓量的根据,是回答行为人负多大刑事责任的前提下,才能进一步研究行为人应负多大刑事责任的问题。可见,刑事责任的根据具有层次性。当然,最为重要的是解决行为人应负刑事责任的根据。

刑事责任的根据,可以从不同的学科角度来探讨。主要表现在可以从哲学上探讨刑事责任的根据和从法学上探讨刑事责任的根据。刑事责任的法学根据,包括实质根据、法律根据和事实根据三个层次的内容。刑事责任的实质根据是行为的社会危害性。刑事责任的法律根据是刑法规定的犯罪构成。刑事责任的事实根据是确定刑事责任大小的案件事实。传统观点认为,犯罪构成是刑事责任的唯一根据。由于这一观点本身可能具有不明确、不妥当之处,故不少学者提出了新的见解。有的认为犯罪行为是刑事责任的根据;有的认为罪过是行为人承担刑事责任的根据;有的则认为社会危害性是刑事责任的唯一根据。各种具体学说简介如下:一是犯罪构成唯一根据说。该学说认为,犯罪构成是刑法规定的,其实质内容是犯罪的社会危害性,具备了犯罪构成就等于违反了刑法规定,具备了犯罪的本质属性;犯罪构成又是主客观要件的有机统一整体,根据犯罪构成追究刑事责任,可以避免主观归罪或客观归罪现象的发生。二是行为符合犯罪构成根据说。这种学说认为行为符合犯罪构成是刑事责任的根据,并且是唯一根据,而犯罪构成只是确定这种根据的判断标准。因为犯罪构成只是法律所规定抽象的犯罪行为的类型,它本身只是法律上的一种假设、一种可能性。只是对判定一定的行为是否构成犯罪以及如何成立犯罪提供一个法定的标准。只有当一定的危害行为符合法律规定的某种抽象的犯罪构成时,才能追究一个人的刑事责任。所以,刑事责任并不是犯罪构成这一法定的抽象的犯罪行为的类型,而是行为符合犯罪构成这一具体的法律事实。三是罪过根据说。该学说认为罪过是引起行为人承担刑事责任的根据。因为罪过是把行为人融为一体并贯穿于犯罪和刑罚始终的核心因素,任何一个具有刑法意义的行为,都只能是在认识和意志支配下的行为,没有罪过,无论是行为还是行为人,都不会因客观上有某种损害结果而承担刑事责任。四是犯罪行为根据说。该学说认为犯罪构成不再是刑事责任的基础,只有犯罪行为才是刑事责任的唯一基础。因为行为的社会危害性和行为符合犯罪构成要件,是犯罪行为社会政治内容与必要的法律形式的统一,二者是犯罪概念不可分割的组成部分,将二者割裂开来并把它独立于犯罪概念之外作为独立的刑事责任的基础,是不符合我国刑法规定的。只有当刑法禁止的行为即犯罪行为这种刑事违法行为发生时,才能引起刑事责任的产生,犯罪是负刑事责任的前提,负刑事责任是犯罪的法律后果。五是社会危害性说。该说认为社会危害性乃是犯罪的本质特征,决定着刑事责任的存在;社会危害性也是我国刑法中关于刑事责任的法定事实根据,它决定着刑事责任的程度;犯罪的社会危害性具有主客观统一性,犯罪的客观危害后果和主观恶性都决定着社会危害性的质和量,它们的有机综合体构成刑事责任的事实根据;犯罪的社会危害性作为刑事责任的事实根据,是一个包含着犯罪前的主客观情况、犯罪时的主客观情况和犯罪后的主客观情况的内容广泛、结构复杂的综合体。六是法律事实根据与哲学理论根据二元说。该学说把刑事责任的根据分为法律事实根据(事实根据、法学根据)、哲学理论根据(哲学根据、理论根据)两种。该说认为刑事责任的根据是多层次的,应当从哲学和法学两个方面分析。追究犯罪人的刑事责任的哲学根据,首先在于犯罪人基于自己的主观能动性实施了犯罪行为。刑事责任的法学根据是多方面的:刑事责任的实质根据是犯罪的社会危害性,法律根据是刑法规定的犯罪构成,事实根据是符合犯罪构成的行为,即行为符合犯罪构成是应当追究行为人的刑事责任的根据。此说是目前学界较为通行的观点。

刑事责任的哲学理论根据是马克思主义的决定论和相对意志自由论,它是贯穿于国家对犯罪人规定、追究刑事责任整个过程中的罪责原理,说明犯罪人为什么要对自己的行为负责、行为人主观上是否具有可苛责性。从哲学上讲,对行为人追究刑事责任的根据,就在于行为人具有相对的自由意志。大陆法系的学者从不同角度对刑事责任的根据作出了不同的分类,大体包括道义责任论与社会责任论,行为责任论与行为人责任论,心理责任论与规范责任论、人格责任论。分述如下:第一,道义责任论与社会责任论。道义责任论是西方最古老也是影响最深远的理论,它在哲学上的来源可以追溯至康德和黑格尔。它诞生的时代就是人的主体性得以确立的时代,它以个人主义、平等主义为背景,以人的理性、自由意志为根据,从伦理的维度说明对于受自由意志支配的人的违法行为应该追究道义上的责任。概言之,道义责任论的根据是行为人的自己决定,即行为人是出于自由的意思而实施了违法的行为,作为行为的发动者当然要承担责任。黑格尔在《法哲学原理》中的经典论述是:“行动只有作为意志的过错才能归责于我。”另外还说:“行动使目前的定在发生某种变化,由于变化了的定在带有‘我的东西’这一抽象谓语,所以意志一般说来对其行动是有责任的。”康德也认为人是有理性的,其意志是自由的,能够理解其行为的意义,并自主地决定是从事违法的行为还是从事非违法行为。以此为前提,自我选择了违法行为的人就应该承担行为的责任。意志自由论与卢梭的社会契约论也有渊源关系。社会契约是有意志自由的个人而达成的公共理性,是个体基于自由的意志自动承诺承受法律的约束、负担法律的义务,那么,其违反义务的行为就当然要受到国家的谴责。意志自由论是将责任的基础诉诸人的过错心理,因此导致了“心理责任论”。但该论无条件地主张人具有普遍的意志自由,受到诸多学者的批判,反对派提出的主要理论是社会责任论。社会责任论是学者根据社会学、犯罪学等实证研究的结果提出来的,它是把人置于社会当中从社会本位的立场得出的结论。社会责任论者认为行为是环境的产物,人不能自己决定自己的生活和行为方式,因此也不能根据所谓的自由意志来惩罚犯罪,对违法行为进行归责只能是基于行为人的人身危险性而进行社会防卫。针对社会责任论的批判,道义责任论者对自己的学说进行了修正,提出人并不具有绝对的意志自由,而是相对的意志自由,因为他不得不同时受到天生素质和外界环境的影响。然而,虽然人不具有完全超越一切素质和任何环境的力量,但却"能够以先天、后天的良质和环境中美好的一面为基础去奋斗、去创造完善的人生。由此可见,道义责任论者仍然坚持:相比天生的素质和外在的环境而言,自我决定性占据了优势的位置。同时,修正的道义责任论反过来又批评社会责任论者,认为他们根本上是抹杀了人的主体性、自我选择性,是一种"宿命论"的思想,其为了防卫社会而处罚行为人的观点更是将人作为手段,缺乏对人的起码尊重。因此,以相对的意志自由论为基础的道义责任论成为主流。第二,行为责任论与行为人责任论。行为责任论与行为人责任论分别与道义责任论和社会责任论相对应,是分别由其派生出来的责任理论。行为责任论的内容是:追究责任必须以违法犯罪行为为前提,根据行为违法性的质与量来决定责任的有无和大小,责任的意旨在于"向后看"的惩罚。行为人责任论的前提是行为人的人身危险性,因此即使尚未作出危害行为而只要有危险存在,就可以为了保护社会而进行"向前看"的惩罚。一方面,后者考虑到行为人的特殊性,反对仅根据犯罪行为的性质和危害程度一概而论,因此成为"刑罚特殊化"改革的理论基础;另一方面,它却又导致了无限制的刑罚,为专制、残酷的刑罚制度提供了借口。因此,现代的责任观是以行为责任论为基础,借鉴了行为人责任论的合理因素改造而成的,基本上还是采用了行为责任论的思想。第三,心理责任论、规范责任论与人格责任论。这三种理论并不像前两组理论那样是完全对立的,相反却都是从道义责任论派生和发展起来的。心理责任论是以行为人主观的心理过错——故意或者过失为责任的基础;规范责任论认为责任的根据不仅在于心理事实本身,更在于规范的评价。规范责任论在故意、过失之外又加上了适法行为的“期待可能性”这一规范要素，即在行为人具备认识或者可能认识其行为违法性的可能性之外，还要考察规范能否期待其在特定情境下不从事违法行为，如果不能如此期待则不能进行归责，因为“法律不能强人所难”。换言之，就是要考察是否存在一种不可抗拒的外界环境的压迫，使规范不能要求行为人尊重规范，从事适法行为。另外，人格责任论则是在规范责任论的基础上，又提出在确定责任的有无和程度时，应该考虑行为人的人格是如何形成的问题。首先，只有当行为是“行为人人格的主体性现实化”时，该行为才是有责任的，可以非难的；其次，当人格的形成受到素质和环境的制约时，对行为人的人格非难程度就轻，反之，在素质和环境对人格形成影响很小的领域，对人格的非难程度就重。也就是说，人格责任论要考察违法性人格的形成在多大程度上是由自由意志努力的结果，而多大程度上又是受素质和环境决定的。但分别确定自由意思和素质及环境形成人格的范围几乎是不可能的，而且这种对行为人历史的考察有利用国家权力介入私人生活之嫌疑，违背民主的原则，因此，人格论至今并没有得到普遍的接受。现在主流的学说是从法规范出发而不是从行为人的心理或者人格出发的规范责任论。

（四）刑事责任的发展阶段和实现形式

1. 刑事责任的产生阶段。这一阶段从行为人实施犯罪时起，到公安、司法机关立案时止。刑事责任随犯罪而产生，有犯罪才有刑事责任。犯罪行为一旦发生，无论是否被发现和查处，行为人的刑事责任即同时产生并客观地存在着，因此刑事责任产生于实施犯罪之时。但是，不同的犯罪形态，刑事责任的起始时间不同。对于故意犯罪，实施预备犯罪行为即可能产生刑事责任；过失犯罪则要求发生特定的危害后果，才能产生相应的刑事责任。

2. 刑事责任的确认阶段。这一阶段从刑事立案时起，到人民法院作出生效的有罪判决时止。在这一阶段，国家对刑事责任的确认规定了严格的刑事诉讼程序。只有经过侦查、起诉、审判三个刑事诉讼阶段，刑事责任才能得到确认和进一步实现。

3. 刑事责任的实现阶段。这一阶段从人民法院作出有罪判决生效时起，到所决定的刑事制裁措施执行完毕或赦免时止。刑事责任的实现,基本方式是执行刑罚。执行刑罚所持续的时间长短,因刑种的不同和决定执行的刑期长短而有所不同。在刑事责任的实现阶段,可能因下列情形而发生刑事责任的变更:①死刑缓期执行二年期满的减刑;②管制、拘役、有期徒刑、无期徒刑的减刑;③特赦;④由于遭遇不能抗拒的灾祸缴纳罚金确实有困难时的减免。刑事责任的终结包括两种情况:一是因刑事责任的实现而终结;二是因刑事责任的消灭而终结。

刑事责任的实现形式,亦叫刑事责任的承担方式,具体指刑法规定的适用于犯罪分子的承担刑事责任的具体方法。根据我国刑法的规定,刑事责任的实现方式主要有两种:一种是定罪判刑方式,即在宣告行为人的行为触犯刑法构成某种犯罪的同时,对其适用一定的刑罚方法。如宣告某人犯故意杀人罪,判处15年有期徒刑,就属于此种方式。在理解定罪判刑方式时须注意:一是定罪判刑是实现刑事责任最基本、也是最主要的方式,但不是唯一方式。因为犯罪的必然后果是刑事责任,而不是刑罚。二是宣告缓刑也属于定罪判刑的方式。因为事实上犯罪者既被定了罪,又被判了刑,只是所判之刑暂缓执行而已。三是根据刑法第三十六条第一款的规定,适用定罪判刑方式时,还可根据案件的情况,同时判处罪犯赔偿被害人因犯罪遭受的经济损失。另一种是定罪免刑方式,即只宣告行为人的行为触犯刑法构成了某种犯罪,但对其不适用任何刑罚方法。该种方式具体包括以下两种情形:

①定罪免刑,但适用非刑罚处理方法。具体讲,就是刑法第三十七条的规定:"对于犯罪情节轻微不需要判处刑罚的,可以免予刑事处罚,但是可以根据案件的不同情况,予以训诫或者责令具结悔过、赔礼道歉、赔偿损失,或者由主管部门予以行政处罚或者行政处分。"②只定罪,既不判刑,又不适用非刑罚处理方法。无论适用上述哪种方式,犯罪人都承担了刑事责任,只不过承担的具体方式不同。因为即使是定罪免刑方式,行为人的行为也受到了彻底否定的评价。

(五)土地违法行为的刑法处罚

土地违法行为构成的罪名有:非法转让、倒卖土地使用权罪,非法占用耕地罪，非法批准征用、占用土地罪，非法低价出让国有土地使用权罪。

刑法第二百二十八条规定：以牟利为目的，违反土地管理法规，非法转让、倒卖土地使用权，情节严重的，处三年以下有期徒刑或者拘役，并处或者单处非法转让、倒卖土地使用权价额百分之五以上百分之二十以下罚金；情节特别严重的，处三年以上七年以下有期徒刑，并处非法转让、倒卖土地使用权价额百分之五以上百分之二十以下罚金。

刑法第三百四十二条规定：违反土地管理法规，非法占用耕地、林地等农用地改作他用，数量较大，造成耕地、林地等农用地大量毁坏的，处五年以下有期徒刑或者拘役，并处或者单处罚金。

刑法第四百一十条规定：国家机关工作人员徇私舞弊，违反土地管理法规，滥用职权，非法批准征用、占用土地，或者非法低价出让国有土地使用权，情节严重的，处三年以下有期徒刑或者拘役；致使国家或者集体利益遭受特别重大损失的，处三年以上七年以下有期徒刑。

土地管理法第七十三条规定：买卖或者以其他形式非法转让土地的，由县级以上人民政府土地行政主管部门没收违法所得；对违反土地利用总体规划擅自将农用地改为建设用地的，限期拆除在非法转让的土地上新建的建筑物和其他设施，恢复土地原状；对符合土地利用总体规划的，没收在非法转让的土地上新建的建设物和其他设施，可以并处罚款；对直接负责的主管人员和其他直接责任人员，依法给予行政处分；构成犯罪的，依法追究刑事责任。

最高人民法院《关于审理破坏土地资源刑事案件具体应用法律若干问题的解释》（法释〔2000〕14号）规定：为依法惩处破坏土地资源犯罪活动，根据刑法的有关规定，现就审理这类案件具体应用法律的若干问题解释如下：

第一条　以牟利为目的，违反土地管理法规，非法转让、倒卖土地使用权，具有下列情形之一的，属于非法转让、倒卖土地使用权"情节严重"，依照刑法第二百二十八条的规定，以非法转让、倒卖土地使用权罪定罪处罚：

（一）非法转让、倒卖基本农田五亩以上的；（二）非法转让、倒卖基本农田以外的耕地十亩以上的；（三）非法转让、倒卖其他土地二十亩以上的；（四）非法获利五十万元以上的;(五)非法转让、倒卖土地接近上述数量标准并具有其他恶劣情节的,如曾因非法转让、倒卖土地使用权受过行政处罚或者造成严重后果等。

第二条　实施第一条规定的行为,具有下列情形之一的,属于非法转让、倒卖土地使用权"情节特别严重":

(一)非法转让、倒卖基本农田十亩以上的;(二)非法转让、倒卖基本农田以外的耕地二十亩以上的;(三)非法转让、倒卖其他土地四十亩以上的;(四)非法获利一百万元以上的;(五)非法转让、倒卖土地接近上述数量标准并具有其他恶劣情节,如造成严重后果等。

第三条　违反土地管理法规,非法占用耕地改作他用,数量较大,造成耕地大量毁坏的,依照刑法第三百四十二条的规定,以非法占用耕地罪定罪处罚:

(一)非法占用耕地"数量较大",是指非法占用基本农田五亩以上或者非法占用基本农田以外的耕地十亩以上。(二)非法占用耕地"造成耕地大量毁坏",是指行为人非法占用耕地建窑、建坟、建房、挖沙、采石、采矿、取土、堆放固体废弃物或者进行其他非农业建设,造成基本农田五亩以上或者基本农田以外的耕地十亩以上种植条件严重毁坏或者严重污染。

第四条　国家机关工作人员徇私舞弊,违反土地管理法规,滥用职权,非法批准征用、占用土地,具有下列情形之一的,属于非法批准征用、占用土地"情节严重",依照刑法第四百一十条的规定,以非法批准征用、占用土地罪定罪处罚:

(一)非法批准征用、占用基本农田十亩以上的;(二)非法批准征用、占用基本农田以外的耕地三十亩以上的;(三)非法批准征用、占用其他土地五十亩以上的;(四)虽未达到上述数量标准,但非法批准征用、占用土地造成直接经济损失三十万元以上;造成耕地大量毁坏等恶劣情节的。

第五条　实施第四条规定的行为,具有下列情形之一的,属于非法批准征用、占用土地"致使国家或者集体利益遭受特别重大损失":

(一)非法批准征用、占用基本农田二十亩以上的;(二)非法批准征用、占用基本农田以外的耕地六十亩以上的;(三)非法批准征用、占用其他土地一百亩以上的;(四)非法批准征用、占用土地,造成基本农田五亩以上,其他耕地十亩以上严重毁坏的;(五)非法批准征用、占用土地造成直接经济损失五十万元以上等恶劣情节的。

第六条 国家机关工作人员徇私舞弊,违反土地管理法规,非法低价出让国有土地使用权,具有下列情形之一的,属于“情节严重”,依照刑法第四百一十条的规定,以非法低价出让国有土地使用权罪定罪处罚:

(一)出让国有土地使用权面积在三十亩以上,并且出让价额低于国家规定的最低价额标准的百分之六十的;(二)造成国有土地资产流失价额在三十万元以上的。

第七条 实施第六条规定的行为,具有下列情形之一的,属于非法低价出让国有土地使用权,“致使国家和集体利益遭受特别重大损失”:

(一)非法低价出让国有土地使用权面积在六十亩以上,并且出让价额低于国家规定的最低价额标准的百分之四十的;(二)造成国有土地资产流失价额在五十万元以上的。

第八条 单位犯非法转让、倒卖土地使用权罪、非法占用耕地罪的定罪量刑标准,依照本解释第一条、第二条、第三条的规定执行。

第九条 多次实施本解释规定的行为依法应当追诉的,或者一年内多次实施本解释规定的行为未经处理的,按照累计的数量、数额处罚。

根据刑法法律条文和司法解释的规定可见:非法转让、倒卖土地使用权罪,是指以牟利为目的,违反土地管理法律、法规,非法转让、倒卖土地使用权,情节严重,构成犯罪的行为。非法占用耕地罪,是指违反土地管理法律、法规,非法占用耕地改作他用,数量较大,造成耕地大量毁坏,情节严重,构成犯罪的行为。非法批准征用、占用土地罪,是指国家机关工作人员徇私舞弊,违反土地管理法律、法规,滥用职权,非法批准征用、占用土地,情节严重,构成犯罪的行为。非法低价出让国有土地使用权罪,是指国家机关工作人员徇私舞弊,违反土地管理法律、法规,滥用职权,非法低价出让国有土地使用权,情节严重,构成犯罪的行为。

根据中国裁判文书网检索，非法转让、倒卖土地使用权罪出现较多，争议也较多。中国裁判文书网的非法转让、倒卖上地使用权罪、非法占用耕地罪的真实案例表明，作为普通的农民或者工厂主，如果缺乏法律意识，是很容易触雷构成土地犯罪的。这为广大农民和企业主在土地流转中的法律安全，敲响了警钟。

第七章

完善兵团土地流转对策建议

土地流转是指土地使用权流转，是指拥有土地承包经营权的农户保留承包权，而将土地经营权实际上就是土地使用权转让给其他农户或经济组织。承包方依法取得的农村土地承包经营权可以采取转包、出租、互换、转让或者其他符合有关法律和国家政策规定的方式流转。承包方依法采取转包、出租、入股方式将农村土地承包经营权部分或者全部流转的，承包方与发包方的承包关系不变，双方享有的权利和承担的义务不变。

就兵团农业现代化而言，实现土地使用权流转制度的法治化也是兵团农业现代转型的大势所趋，是兵团农业实现规模经营的必备条件。完善兵团屯垦戍边职能，必解兵团土地承包经营权流转之结。兵团实施农地流转制度以来，有效地提高了土地的经济效益，促进了兵团农牧团场的经济发展。新型团场建设需要农业产业化和集约化的发展，要保证土地向种田能手流转，还要保证防止耕地的减少和兵团职工的大量失业，使有利于通过土地集中和规模经营提高土地的利用效率。这些要求都以实现团场土地承包经营权的充分流转为前提。

限于课题组的研究视野，兼之关于土地流转的学者论述已经较多，因此，本课题希望以片面的深刻能够避免自己全面的浮浅。故选择以兵团农业法律风险防范问题作为兵团土地流转主要现实问题，并作为本课题主要研究着眼点，展开兵团土地流转现实风险研究和提出防范风险的对策建议。诚然，从风险角度看现实问题，不过只是既往的学术问题换了一个角度研究而已。

一、土地流转风险问题概述

行为主体基于既定规划的实施给未来带来不确定的严重不利后果的可能性通常谓之风险。这种不确定包括可能发生与否的不确定、可能发生时间的不确定和可能导致结果或影响程度的不确定。当这种不确定一旦转化为确定的严重不利后果，则将由行为主体承受该实际发生的不利结果，如必须支出成本的增加和预期经济收益的减少。而此时如果给第三方造成人身或者财产的损害，行为主体还要承担弥补他方损失的法律责任。进入法律责任层面的讨论，实际上就是由可能发生的不确定的风险状态已经进入了确定的承担责任的实然状态。很多时候灾难或不幸一旦发生，局势殊难挽回。因此在关系到国计民生的需要国家宏观调控与市场规制的领域，如果出现风险转化的严重不良后果，则可能给社会带来极大的不幸甚至灾难性的经济倒退，譬如在本文论证的农村土地流转制度改革领域。

农村土地流转问题主要是以土地确权为基础，探索以多种途径放活农村土地承包经营权。2013 年中央 1 号文件提出以确权为基础的农村土地承包经营权改革方案，即在五年内基本完成中国农村土地承包经营权确权登记与颁证工作，从而努力促进多种形式的土地流转。在保障农民土地流转收益问题上探索和尝试农村集体所有的经营性建设用地与国有土地同等入市、同价同权。这样的改革步伐可能出现的风险在追求社会本位和可持续发展的当代尤其应当强化预防和努力避免。而在制度设计的先期考量中，构建风险防范机制是为优选。

我国正在进行土地制度改革，极大可能会出现未来不确定的严重不利后果也即风险。由于土地制度的自身特性，这种风险也将存在于宏观和中观、微观几个层面。宏观风险譬如随着国家规划立法或新政策颁布，出现耕地红线风险、粮食安全风险、农民生活保障风险，和现有农村集体经济组织制度弱化的风险，甚至土地生态风险；中观风险如为实现土地规模经营必然出现的土地流转中介与土地金融制度风险与涉土地司法运行风险等，微观如农民基于自身利益的意愿与决策带来的生产力起伏如土地撂荒闲置风险等。土地制度改革的最重要部分就是农村土地流转制度的改革。在当前农村土地制度改革已经是箭在弦上不得不发的形势下。伴随着我国农村土地流转的规模扩大,土地流转形式和模式趋于多样化,在土地流转涉及的农户不断增多的急速制度转型形势下,需要及时梳理我国农村土地流转制度改革的理论与实证风险,研究归纳我国农村土地流转制度改革的风险消解对策,从而构建我国农村土地流转的风险防范机制。

二、新中国农村土地流转制度历史变迁的启示

历史研究方法是基于对历史因素出现变动的规律或深层原因作出一定说明,从而对当下的同等问题实现比较思考和解释,目的是从历史规律中总结对当今的启迪。简言之,即“以史为鉴,可以知兴替”。新中国成立以来我国农村土地制度历经早期农民土地所有制、中期的集体经营合作社制和后期的改革开放后实行的家庭联产承包责任制三大阶段。对新中国成立以来我国农村土地流转制度的历史演进和制度变迁进行比较分析,能够对我国农村土地流转制度的改革和现代化制度设计规划提供深刻的历史启示。

1950 年 6 月《中华人民共和国土地改革法》颁布实施,该法第一条规定:“废除地主阶级封建剥削的土地所有制,实行农民的土地所有制,借以解放农村生产力,发展农业生产,为新中国的工业化开辟道路。”这是新中国成立后关于土地制度的第一部正式立法,标志着农民拥有土地所有权的土地所有制制度的确立。该法的实施极大地解放了当时落后的农村生产力,是新中国成立后第一次农民解放。农民土地所有制制度改革至 1953 年基本实现。这一时期主要是由意识形态决定土地制度调整,理论界的学术研究尚不多见。

1953 年我国开始实施合作和集体经营制度,各地的初级合作社普遍成立。伴随着 1956 年的《高级农业生产合作社示范章程》和 1958 年《关于在农村建立人民公社问题的决议》的颁布实施,中国农村由初级社到高级社再到人民公社,开始实行由人民公社“三级所有,队为基础”的经营制度,确立了土地社会主义劳动群众集体经营的合作社制。这一时期由于土地制度的实施与农民固有的对土地的私有情结冲突,导致农民生产积极性受到影响,农业生产率出现下降。限于历史条

件，该时期的学者著述同样欠丰，偶有引用苏联经验或者深入继承发展马克思主义土地学说的，但一般限于纯理论性论述，鲜见与实践结合的文献。

党的十一届三中全会以后，我国开始实行改革开放，旧的土地制度全面解体，包产到户的社会主义性质经激烈辩论后被中央确认，于是新的家庭经营体制即家庭联产承包责任制正式确立。这是我国农村土地制度的历史性变化，很快我国粮食产量于1984年实现历史性的新高，标志着我国实行家庭联产承包经营制的改革举措取得重大成功，但是在当时土地流转还是属于意识形态禁区。1985～1988年这一阶段，农村经济体制改革向纵深发展，全面转入农产品和农业生产资料的流通领域，适应于短缺经济时代的统购统销制度开始发生变革。市场化改革必然引发对市场主体的改革，农民的土地使用权得到深化。1988年，七届人大一次会议通过的《宪法修正案》规定："任何组织或者个人不得侵占、买卖或者以其他形式非法转让土地，土地的使用权可以依照法律的规定转让。"首次从根本大法的高度使土地转让成为现实可能，土地承包经营权流转有了其合法地位，农村土地流转也经历了由"禁止流转—允许流转—放开流转"和从模糊不清到逐步明确鼓励的一个过程。随着1988年《中华人民共和国宪法修正案》的颁布，"宪法第十条第四款'任何组织或者个人不得侵占、买卖、出租或者以其他形式非法转让土地。'修改为：'任何组织或个人不得侵占、买卖或者以其他形式非法转让土地，土地的使用权可以依照法律的规定转让'。"此时，土地流转的可能性和合法性在中国终于实现破冰，并且是以宪法的形式确认，该宪法修正案至今仍生效。1992～1996年，承载着农业向现代化道路前进的艰巨任务，土地家庭联产承包制在首先稳定承包权的同时，进入土地规模经营新形势的积极试行和研究阶段，主要就是土地使用权流转的尝试，这也是市场化推进的结果。这个阶段，土地制度发生了一个重要变化，地方政府尤其是基层政府过分使用行政权力，其本质是国家终极产权，不断加重农民负担，本质是农民产权被不断剥夺。这表明地方基层政府开始超越了国家产权代理人的角色，向土地占有者转变。地方政府的土地所有权一旦形成，它将向上侵占国家终极所有权，向下侵占农民土地使用权。1997年以后，中国全面开始第二轮土地承包工作。1998年8月29日，第九届全国人大十次会议通过了修订的土地管理法,第一次将"土地承包经营期限为30年"的土地政策上升为法律。1998年底,全国80%的村庄展开了土地承包期延长工作,农业建设向现代市场农业转变。国家意图通过加强农民土地产权来抵消地方政府的各种不利行为,也希望通过法律将农民与国家建立一个连接,绕过产权的中间层,不断深化农民的使用权。此后,全国相继出现了两田制、反租倒包制、股份制以及"四荒"地拍卖制等制度形式,在这些制度形式下的土地流转已经基本具备了市场化流转的特点。土地流转经历了禁止与解禁阶段之后,从2003年开始进入了规范化阶段。随着土地流转呈现出规模扩大、主体多元化的趋势,有些地方强制干预,要求农民放弃承包地,强行集中土地,用来进行农业结构的调整。针对这一阶段流转出现的新问题,国家制定了相应的条例。流转制度实行多年,但是流转市场发育始终起色不大,主要原因就是土地承包经营权不够稳定,现在确立土地承包关系长久不变,土地产权清晰稳定,这对土地流转市场的健康发展意义重大。它预示着国家会进一步完善政策法规、完善土地承包权能,给予农民切实有力的制度保障和彻底的土地承包权益,也为农业稳定和谐发展提供了基本经营制度保障(李淑妍,2012)。这一时期关于土地制度的理论研究趋于丰富,特别是基于实证调研的著述剧烈增多,并且,农业生产规模经营和土地制度法治化的呼声越来越高。

课题组认为,从新中国成立后我国土地制度由小农经营走向人民公社化规模经营再到家庭联产承包责任制的历史演进轨迹,同时从新中国成立后我国模仿苏联实行农业支撑工业的土地国家主义到现代实行工业反哺农业并且保护农民土地权益的演进过程来看,土地制度历史演进的趋势已经使农业现代化和农村土地规模经营成为维护国家安全和国家经济发展的必然预期。而摈弃计划经济思维,促进农村人口城镇化和社会保障,建立现代规模农业配套制度如土地金融贷款制度和土地流转中介制度等,以促进农村土地的合法安全流转,是实现农村土地规模经营进而实现农业现代化的必经之路。而这条必经之路也不可避免地会与历史上诸次改革一样隐藏着极多的起伏和风险。这对于新疆兵团而言,是同样要面对的现实问题,是急需实现兵团土地流转制度的现代化转型的现实问题。

三、农村土地流转制度理论演进

学者黄灵高、邹振亚在《土地流转尝试股份制》(江苏农村经济,1999/07)提出:“土地使用权转股权后,成效明显,劳动力合理配置,产业结构调整步伐加快。建立土地使用权有偿流转机制,农户按股分红,采取大户承包,这一探索在实践中收到了较好的效果。其条件必须是农村劳动力在种植业之外能有充分的就业机会,当地二、三产业发展的余地较大。在此基础上村级组织还要做好有关工作:一是做好宣传工作。要充分体现坚持农民自愿,实行有偿转让原则。二是为承包大户提供必需的服务。要在用电、用水、道路、农机以及产前、产中、产后提供各种服务,满足他们生产发展的需要,特别在调整产业结构和农产品加工、销售环节上,积极地为他们提供路子。”这里的论述表明,南方部分地区已经根据公司法的原理,开始实践土地使用权转股权并且进行了理论总结。

学者邓大才在《承包土地流转价格低廉的原因分析》(现代经济探讨,2000/10)提出:“当前我国农村出现土地流转价格极低的不正常现象。当前虽然政策允许土地有偿流转,但是土地流转的价格极低。许多地方不仅出现了土地自然生产、撂田抛荒,而且有些地方,特别是中部传统的粮食、棉花生产区甚至出现了农民为甩掉土地,倒贴一定的费用的现象,这与第一轮承包农民争相要土地形成了鲜明的反差。也就是说承包土地价格低廉是因为在一定范围内出现了供过于求的局面,送给别人都不要,又如何能够有偿流转,土地使用权价格低廉理应在情理之中。从事土地生产经营机会成本高,比较效益极低。一是劳动力的机会成本高。由于农业的多年徘徊不前,工农差距、城乡差距进一步拉大,从事农业生产经营与从事农村二、三产业或在城市打工相比,机会成本太高。素质较高的劳动力不愿束缚在土地上。二是资金的机会成本高。农业生产周期长,资金周转慢,因而农业的社会效益高而经济效益低,对于以追求利润最大化的‘经济人’来讲,投资于农业不仅难以获得平均利润,而且可能连投资都难以收回。因此,农业不但吸引不了外部资金的投入,甚至还难以堵住本来就稀缺的农业资源逆向流出。农业比较利益低的问题更加突出,导致土地难以吸引更多的资金与之结合。土地产权的价格没有规范。由于我国规定土地所有权不能转让,按理讲所有权没有价格。至于当前城镇土地转让价格,从法律上讲应该是使用权的转让,而农村土地则比城镇土地更复杂。因为在所有权与承包权之间较城镇、国外的土地多设了一项承包权。承包权可以与使用权统一于农户,也可以分离,那么承包权和使用权应各有其价格,但是如何计算,却没有计算方法和价值衡量标准。从上分析可见,种田不仅难以获得社会平均利润,而且连成本都难以收回。因此,不仅没有人想要地,就是有承包土地的农户也不想种地,纷纷要求解除承包合同,在承包契约缺少退出机制的情况下,农民就干脆撂田抛荒,或者从事自给自足生产,或者倒贴一定的费用请求别人代种,导致土地出现一种不正常的供过于求的局面。可见,土地流转价格低廉主要是土地吸引力不强。要解决这一问题关键是要弱化所有权,减少承包土地的拥有成本;精简或撤销乡镇行政机构,减少土地承载负担;要规范承包土地交易行为,建立健全土地交易市场;缔造土地中介组织,减少土地流转成本,从而提高土地的吸引力。"这是运用经济学原理分析土地流转价格的论述,具有一定的理论奠基的作用。

学者张文根、吴维群在《集体非农土地流转管理思考》(中国土地,2000/08)提出:"当前,苏州市集体非农业建设用地自发流转的市场已经形成,且呈快速发展的趋势。对这一无序的集体非农业建设用地流转行为是取缔,还是确立其法律地位纳入依法管理的轨道,已成为土地使用制度改革中一个不可忽视和回避的现实问题。集体土地市场的形成是市场经济发展的产物,也是土地使用制度改革的必然延伸。尽管从目前的状况看,集体土地流转还存在一些弊端,但积极作用还属主流。而且,通过运用法律、行政和经济的手段加以规范管理,使集体土地市场纳入依法运行轨道,便能趋利避害。如果国有和集体两种土地使用制度改革同时推行,一定能起到相互协调、互为补充的积极作用。确定集体土地最低保护价。为了防止集体土地流转价格过低,县级以上政府要按目前估价规程做好定级估价工作,确定基准地价。集体土地流转价目前暂时达不到基准地价标准的,可以根据省政府确定的国有土地出让最低保护价或国有土地出让成交价,确定切实可行的最低保护价,同时要明确集体土地流转成交价格不得低于县级以上政府确定的最低保护价。确定集体土地流转主体。为了区别集体土地一二级市场,可将集体土地流转分为第一次流转和再次流转两个层次。第一次流转的主体应为集体土地所有权者;再次流转的主体为集体土地使用权者。确定市场运作程序。集体土地流转时,必须经过办理规划审批手续;进行地价评估;草签土地流转合同和报县级以上人民政府批准等审批步骤。”这是从行政管理视野对集体土地流转所作的论述。

学者魏凤秀在《农村土地流转中的土地估价问题探讨》(农业经济,2000/02)提出:“集体土地资产的商品属性日益显现,出现了买卖、转让、转包、出租、抵押、入股、联营、兼并等多种土地所有权和使用权的流转形式。土地流动和转让是优化配置土地资源的必要途径;可以实现农业的规模经营,加速农业现代化进程;可以为农业劳动力的高效转移创造条件,促进乡镇企业和其他非农产业的发展;可以加快农村城市化进程。这一切说明土地流转是必要的,而要使流转能顺利进行,除按照法定的程序办理必要的手续,加强监督管理之外,对流转中的土地进行科学计量、计价已是刻不容缓。土地流动形式不同,土地利用方式不同,其地价结果差异很大。因此,我们必须采用不同的估价方法。一是收益还原法。新土地管理法第三十四条规定:国家实行基本农田保护制度,各省、自治区、直辖市划定的基本农田应占本行政区域内耕地的百分之八十以上。这是一个相对稳定的主体,也是农村土地流转的主要部分,如果能对这部分农田在全国率先开展估价,并辅之以其他农村制度改革措施,农村土地流转会顺利得多。收益还原法是以生产要素分配理论为理论依据,土地、劳动、资本、经营四大生产要素组合产生的收益,应由各因素分配。土地产生的收益是总收益扣除劳动工资、资本利息和经营报酬后剩余的收益,这部分收益应归属于土地。由于土地利用具有永续性,因此土地现时所得的纯收益可望在将来继续取得,将该项随时间的延续而能源源不断取得的纯收益,折算为现在价值的总额,即为土地价格。农用地一旦被用途管制下来,其收益价格除考虑每年相对固定的生产纯收益及适当的还原利率外,而很少考虑其他因素,但非农用地的变化性则更大,因此,收益还原法更适合于农用地。《土地管理法》第四十七条规定‘征用耕地的土地补偿费为该耕地被征用前三年平均年产值的六到十倍’,从某种意义上讲它是对收益还原法的一种拓展。适用范围是有收益的直接农业生产用地。二是成本法。成本法只是评估建筑物价值的一种方法,并不适用于土地,因为成本高,并不表明效用和价值高,况且土地本身并无成本而言。但在我国无论是集体土地使用权用于非农建设、工程设施建设还是其他,都须付一定补偿(拆迁费、安置费等)。为保证成本的回收,我们要借助成本估价法的基本思路,以土地的成本加上相应的开发费用和利润、利息,并通过适当的区位修正来逐步逼近地产的真实价格。适用范围是在农村比较适用于农村整治土地、连区划片,承包农田水利系列工程、农村居民点规划的宅基地价格确定等间接农业生产用地和农村土地的非农用地。当然,农用估价方法是多样化的,同城市土地估价一样,同一地域也需要两种以上的方法验证,加以修正,最终确定。”这篇论述可以作为法学专业学习土地计价方法的科普论文,论证简明易懂,是不可多得的土地计价科普好论文。

学者黄建水、栗丽在《中国农村土地流转问题的法律思考》(政法论坛,2001/06)提出:“近些年土地流转在广大农村悄然兴起,它是继安徽凤阳县小岗村土地承包改革之后,来自农村的又一创新之举。它是市场经济在农村土地承包制度改革中的进一步深化,它不仅抑制了农村土地抛荒,而且还解决了农村土地资源的有效配置。但同时又存在着这样那样的问题,诸如,土地流转无法可依、农民土地承包权得不到有效保障、土地流转形式较乱、造成了一些纠纷等等。当务之急是加强农村土地流转的法制建设,确认、巩固土地流转改革成果和解决存在的问题。首先是修改现存法律有关内容,其次尽快出台“农村土地承包法”,再是尽早制定“农村土地流转法”,明确土地流转的原则、形式、程序、监管和责任,使农村土地流转纳入法制轨道。”

学者杨天水在《探索土地流转新途径》(江苏农村经济,2001/03)提出:“农村集体土地承包经营权的流转,能够优化生产要素的配置,适应农业和农村经济结构战略性调整,促进农业和农村现代化,有助于农村土地承包政策的稳定和完善,调动广大农民生产经营积极性,实现农民增收、农村经济发展和社会稳定。土地流转的基本思路首先是‘物权化’,即实现土地承包经营权物权化。农民的土地承包经营权起初是一种债权，通过制定物权法和农村土地制度法律，以具有严格物权法意义的土地使用权取代土地承包经营权，以法定的形式赋予农民长期而有保障的土地使用权，明确农户对承包经营土地的使用权享有独占性、收益性和转让性等产权特征。允许农民在遵守现行法律、法规的前提下，按照自愿、公平、竞争、互利的原则，有偿转让土地使用权，扩大农户掌握土地使用权的自由度，完善土地使用权功能。其次是'市场化'，即土地流转要按市场化进行运作。加快土地流转必须坚持市场化运作。要把土地流转交由市场进行，通过价格、供求、竞争信号调节土地使用权从效率低的农户向效率高的农户流动，实现农村土地使用转让的公平性和竞争性。为避免土地流转市场化过程中投机行为及各种经济纠纷，通过法律的规范和必要的行政干预是必要的。但从目前农村实际看，土地流转主要是由行政手段强制实现，这种配置方式产生一些不良后果，运行成本加大，经营绩效不高，甚至成为农村不稳定的因素。因此，为体现导向性，扭转当前行政强制流转为主的现状，应大力提倡土地流转市场化。鼓励采取多种形式加快土地承包经营权的流转。从实践经验看，土地流转主要有转让、互换、转包、抵押、租赁、入股、四荒拍卖等多种形式。转让是承包经营权的让渡；互换是进行地块位置交换的行为；转包仍保留承包权；抵押是把经营权作为债务担保；租赁分为出租、转租和反租；入股是将经营权折价入股于股份制或股份合作制企业；'四荒'拍卖是通过公开竞价形式将经营权卖给他人；等等。鼓励流转，可以不必忙于规范，不必忙于固定几种流转模式，无论哪种形式都必须按市场化运作，保护农户合法权益，促进农业经济发展。提倡承包权入股，开展资本经营。广东省针对农地不断减少和农业布局调整变化中的诸多矛盾，较早地开展了以"股田制"为主要形式的土地流转，取得了较好的经验，引起了较多的关注。将土地折股量化，规范资产评估和股权配置，采用多形式量化股权。'股田制'将农民的土地承包关系和经营方式由原本的实物形态改为价值形态，加快了土地流转。入股经营的进一步意义还在于，在农业产业化进程中，将直接进入农产品流通和加工经营之中，今后直接进入非农产业领域，突破目前不允许农村集体土地直接进入一级市场的规定。所以要特别重视承包权入股经营问题。"这是明显体现了物权法和公司法对土地权属影响的论证文献。

学者何仁芽在《关于稳定农村土地承包关系与建立土地流转机制的建议》(农村合作经济经营管理,2001/07)提出:"自去年在全省开展延长土地承包期30年不变的工作以来,各级党委、政府非常重视,做了大量艰苦细致的工作,大部分地方的土地延包工作已进入尾声,但也有少数地方由于政策宣传不到位,部分农民对延包工作不完全理解,工作进展缓慢;有的虽然完成了延包工作,但还没有与农民签订30年不变的承包合同,土地经营权证书也还没有发放到户;还有的虽然做到了承包合同、经营权证书双到户,但对延包后频繁的人口和劳动力异动带来的土地使用权变化缺少研究,建立土地使用权流转机制的工作还没有提上议事日程。认真做好土地流转的引导工作,逐步建立健全土地流转的市场机制。随着土地承包权的稳定和使用权的放开,农村土地使用权的流转会逐步扩大,许多有稳定经营门路的农民需要逐步从农村中分离出来,从事务工经商;一部分种田能手和农业开发大户急需要获得更多的农用土地来进行适度规模经营和农业开发。为了适应土地供求关系的这种要求,各级政府除了允许农民自发流转土地使用权外,还要积极引导建立规范有序的土地使用权流转机制,以逐步形成有中国特色的农用地使用权流转市场。在目前条件下,各地可以乡镇经管站为依托,建立农用土地使用权流转服务机构,即把农民需要转出的土地面积、方位、等级、意向价格等逐一进行登记,然后向社会发布,并接受转出农民的委托,参与使用权转出的谈判。一旦流转成功,土地流转服务机构可从中收取少量的中介服务费。有条件的地方,还可以利用现代网络技术,建立土地使用权市场网站,把农民准备转出的土地和集体经济组织还没有承包出去的'四荒'资源以及承包到期的专业生产项目,明码标价,向社会招租、招标和参股、联营,进行土地使用权的网上交易。凡是进行土地使用权交易的社会服务组织,必须报经县以上人民政府的农村经营管理部门批准,并向当地工商部门办理工商登记、取得合法身份,严格依法经营。凡是参与土地使用权社会交易的农民,必须向土地使用权交易服务的组织提供其转出土地使用权的书面申请,并出具土地经营权证书和承包合同以及转出土地使用权的委托授权书,接受委托的服务机构要对这些资料的真实性进行审查,以防止欺诈行为。”这是行政官员视野的稳定农村土地承包关系与建立土地流转机制的论述，对研究土地流转具有一定的借鉴意义。

学者符泽友在《盘活农村土地资源　促进农村经济发展——关于开江县土地流转的调查与思考》（农村经济，2001/08）提出：“在农村土地第二轮承包结束后，如何盘活土地使用权、优化配置土地资源，保持农业经济的持续发展，促进农村繁荣，是摆在广大农民和农村工作者面前的一项重大问题。开江县坚持从县情出发，积极探索新形势下多种盘活土地资本的新方法，取得明显成效。目前，全县已成功流转土地26800多亩，建成了一批以蔬菜、林果、畜禽养殖为主的高效农业基地，初步实现了农业由粗放型经营向集约型经营的转变。基本做法：1. 大胆决策推进‘转’。当前，土地使用权的科学、合理流转已成为农村经济健康发展的现实需要。调查结果表明：相当部分农民迫切需要农村土地使用权有偿流转，希望政府采取积极有效措施推进。为此，县委、县政府决定按照‘明确所有权，稳定承包权，放活使用权’的办法，采取拍卖、租赁、股份合作等多种形式，放活土地使用权，即让农民土地使用权有偿流转，允许农户在承包期内将承包的山地、林地、耕地、水田进行有偿转让、出租、入股，允许继承开发性生产项目的承包经营权，从而调动了农民的生产积极性。2. 稳妥推进规范‘转’。为保证农村土地使用权有偿流转能够积极稳妥健康地推进，县委、县政府出台了一系列之与相配套的政策性文件，如拍卖‘四荒五园’使用权的试行办法，关于鼓励党政机关、事业单位干部职工开发果园、林木、参与农业综合开发、领办创办示范服务基地的决定等。这些文件都明确规定了农村土地的使用权可按一定形式有偿流转。还明确规定必须遵循五条原则：（1）协调一致和自愿原则；（2）受让主体资格不限原则；（3）坚持法律和按程序的原则；（4）‘谁租赁承包，谁投资，谁受益，谁承担风险’原则；（5）不改变土地农业用途的原则。”本文论述属于政府官员视角的实证论述，尚属务实，其中土地流转的形式，花样繁多，真是不拘一格。

学者马晓河、崔红志在《建立土地流转制度，促进区域农业生产规模化经营》（管理世界，2002/11）提出：“大型农、工、商企业进入农业，形成了加快土地流转的外在压力。通常认为，农业项目投资大、见效慢、收益差。但是，农业一旦引入现代科学和管理技术，随着效益农业的发展，农业已开始成为一个赢利产业。近年来，资金的供给相对宽余，加之工商业资本完成资本的原始积累后，大量资金面临寻求出路的问题。由于农业领域的资本边际收益高于工商领域，使得大批农、工、商企业纷纷进入农业，对土地使用权的需求增大。这就要求加快土地使用权的流转，解决一些农民'有田不想种、有田无钱种'与工商户'想种无田种、有钱无田种'的矛盾，切实发挥市场对资源配置的基础性作用，把土地使用权这一基本生产要素推向市场。近年来我国农村土地使用权流动加快的事实就是最好的证明。根据2002年上半年中央财经领导小组办公室、农业部、国发中心等单位在全国14个省的调查，各省都有较大面积的土地使用权流转，土地使用权流转加快，不仅农户间的自发流转增加，而且大批工商企业进入农业领域，成片租地开发。因此，在稳定家庭承包责任制不变的前提下，进行组织创新和制度创新，建立有效的土地流转制度，是现阶段我国经济发展的内在要求，建立土地流转制度的时机日趋成熟。需要根据变化了的环境，在保持家庭承包制基本制度的稳定之下，不断创造出新的制度供给。建立我国农村土地流转机制的基本思路，从总体上讲，用行政手段调节土地关系，不仅成本很高，而且难以奏效。以市场方式配置农村资源比行政调整更为有效。前者具有边际产出拉平效应，使土地边际产出较小的农户将土地租让给边际产出较高的农户，在边际报酬递减规律的作用下，两者的边际产出趋于相等，从而说明了资源配置效率达到了无法再进一步改进的地步，土地边际产出在农户之间趋于一致。后者虽也具有部分拉平效应，但赶不上市场的程度，市场所带来的收益大于行政调整下所得到的收益（姚洋，2001）。此外，土地资源的市场化能够带来交易收益。土地交易性的提高增加了土地投资的价值，从而提高农民投资土地的积极性。促进土地流转最有效的方法应该是培育土地使用市场，发挥市场机制在土地资源配置中的基础性作用，通过私人之间土地使用权的自愿转让，实现农场规模的扩大（韩俊，1998）。因此，通过建立农村土地流转机制、促进区域农业生产经营规模化的基本思路应该是：在以家庭经营为基础，统分结合的双层经营体制下，健全完善与市场经济相适应的土地经营制度，推进土地使用权的不断流转，使市场成为配置土地要素的基础性方式，提高农业的专业化、区域规模化、现代化水平。”

学者樊帆在《农村土地流转的深层原因探析》(农业经济,2002/11)提出:“农村土地制度是农村经济的基本制度之一。土地制度的变迁对农业乃至整个社会经济的发展和变迁发挥着至关重要的作用。近几年以来,农村土地问题已成为当前农村问题的一个热点。据农业部有关部门的统计,目前以各种形式流动使用权的耕地约占承包田的6%～8%,而且多数发生在沿海发达省市。发达地区流转的耕地约占承包地的最高县市已达到20%～30%,内地流转的耕地约占承包地的10%～20%。土地流转是土地承包制在农业发展新阶段的创新,因此,农村土地使用权的流动必须引起高度重视。”

学者蔡勇志在《论加快土地流转制度改革》(云南社会科学,2002/03)提出:“流转政策还须与农村费改税相衔接。土地流转后,‘两税’及其他费用由原农户缴还是由经营者缴,或者双方按比例缴。从浙江各地的情况看,‘流转’的合同大都‘忽略’了这个问题。此外,还要防止流转土地改作他用的做法。新的土地‘拥有者’在农产品市场高度饱和的现状下,要想获利就得对土地进行深度的开发。改变土地结构和用途几乎是投资者的本能利益冲动。而另一方面,多数‘失去’土地的农民在城市(城镇)并无稳定的工作和收入,一旦社会政治或经济运行的格局出现突如其来的重大波动,重新返回农村种田过‘苦日子’是他们的唯一退路,这也是农村稳定的最后‘底线’。如果大片农田已改作他用或种植了多年生经济作物,农民就无田可种了。”

学者贺振华在《农村土地流转的效率:现实与理论》(上海经济研究,2003/03)提出:“我们得到的结论是,来自土地的收入在农民收入结构中的比重,或者说,土地对农民的重要性是一个比土地的租金更为重要的影响土地流转的因素。土地能否流转不在于流转后效率有多高,而在于土地对农民的重要性有多高。这对于中国的农业和农民来说,无疑是一种悲哀。这样看来,来自土地流转的效率就是一个问题。在经济发达地区,由于土地抛荒造成了资源的浪费,形成了资源极度稀缺的同时该资源又大量闲置的怪异现象。在这种情况下,土地流转是有效率的,因为,这毫无疑问会使得原来闲置的土地得到利用。但是,在经济基础不好的地区,是否应该推进土地流转便是一个值得怀疑的问题,土地对农民的重要性很高,则土地的流转是没有效率的。土地流转的效率应该是来自流转后能够增加新的生产要素,比如更高的技术含量,从而使得生产的产品在质上和量上都有一个提高,而不应该是来自于把抛荒的土地耕种起来所增加的收入。然而,遗憾的是,迄今为止,我们并没有发现土地的流转能够带来产出质和量的提高,否则,土地的租金就不至于如此之低了。可见,我们要推进土地流转,关键还是怎么才能使得流转之后引进新的生产要素。按我们现在流行的话说就是,如何使得流转有利于农业结构的调整,而不应该是为流转而流转。农业产值与工业产值的比例与土地流转负相关,即非农产业的发展水平越高,流转越多;人均耕地面积与土地流转正相关,即人均耕地面积越多,流转越多;人均收入与土地流转正相关,即人均收入越高,流转越多。而且,人均土地面积与农业产值/工业产值二者之间有着高度的正相关性,这意味着在人均耕地少的地方,农民为了更好地生活,迫不得已离开土地,发展非农产业,寻找新的出路。”同时,学者贺振华在《农村土地流转的效率分析》(改革,2003/04)分析了土地流转产生的剩余、土地对农民的重要性、土地流转的剩余的分配对土地流转的影响后提出:“土地流转没有改变目前农业生产的方式和生产要素的质量,从而也没有给农业生产带来质的突破。”

学者陈曜、罗进华在《对中国农村土地流转缓慢原因的研究》(上海经济研究,2004/06)提出:“土地流转是农村经济发展的主要条件之一,目前流行的观点认为农村家庭承包制下的土地产权模糊,由此产生的交易费用阻碍了土地流转。本文采用要素需求模型为基础,并考虑交易成本构造出综合要素需求的成本收益模型,对影响中国农村土地流转的行为进行了全面的分析。本文通过包括交易成本在内的关于要素需求的成本—收益分析模型全面考察了农村土地流转中的各个因素:土地产量、农产品价格、土地租金和交易成本,以及农业生产中其他要素资源的禀赋状况。由此得出的结论是:中国农村的大部分地区都缺乏土地流转的动因:(1)土地产量。农业生产技术本身具有规模报酬不变或递减的性质,土地集中经营不会产生规模收益;农村大部分地区资本比土地更为稀缺,农业生产并不具备规模经济的条件;(2)农产品价格。价格低迷使农民很难通过种田获利,从而影响了对土地的需求;(3)土地租金。农业税、各种收费、集资、摊派以及工农业产品价格剪刀差构成了高昂的土地租金,土地收益本来已很有限,土地租金又是如此之高,农户不可能有扩大土地经营规模的积极性;(4)土地承包转租中存在各种不确定性,农户自发进行的土地流转又属于一对一的谈判,土地流转因此存在较高的交易成本,农户即使可以通过土地流转获利,也可能因交易成本过高而无法进行。本文相应的政策建议是,为了促进农村土地流转,首先要降低租金成本,增加土地经营的收益,提高农户对土地的需求水平和土地流转的积极性;其次,要想方设法促进农民的资本积累,加强对农户购买生产设备的财政和信贷支持,这样可以改变目前农村因资本缺乏而不能产生土地经营规模经济的现状;最后,要从法律上保护农民的土地承包合同和在土地上的长期投资,加强政府在土地流转中的协调服务,降低交易成本。”

学者王文峰在《从主体利益角度透视我国农村的土地流转制度》(生产力研究,2005/10)提出:“本文从土地转包方、土地承包方及基层政府在土地流转中利益得失分析而知,土地流转中相关主体对利益的分析及预期是土地流转成功与否的关键。我国农村土地属于集体所有,土地的所有权不能自由买卖,但由于土地是农业生产赖以立足的重要生产资料,而允许土地承包经营权的转让,有利于对土地进行投资、合理开发和充分利用。当然,土地承包经营权的自由转让,从根本上讲,是建立高效的土地承包经营关系本身的要求,也是在坚持农村土地的集体所有的基础上,最大限度地发挥土地效用的一种手段。然而,现实中,农村土地流转后农民却不能获得比土地流转前多的利益,从效用上讲利益主体各方也没有得到明显改善,基于此,理性人的理性预期使得土地流转仅在一些可获利的地区进行,土地资源的使用没有得到进一步改善。一个社会究竟赋予其制度什么样的内容只能由该社会成员根据自己的经验和价值观来决定,它只能通过渐进的演化性的试错过程来发现。因此,我们应从多重层面上重新思考农村土地流转制度,包括土地流转的前提基础、主体利益得失、土地流转的结果等,以便制定更完善的土地制度来解决农村土地问题,使劳动者的艰苦劳动得到收益。”

学者叶剑平、蒋妍、丰雷在《中国农村土地流转市场的调查研究——基于2005

年17省调查的分析和建议》(中国农村观察,2006/04)提出:“目前的中国农地市场处于初级阶段,发育缓慢,具有显著的区域差异性。产权和制度因素是制约中国农地流转市场发展的主要因素,规范的合同签订与承包经营权证书的发放能够促进农地流转市场的发展。此外,农户家庭人口数、非农人口比例、农民受教育程度以及区位条件等也是显著的影响因素。研究还发现,土地分配的完全行政方式(即土地调整)、过渡性方式(如‘两田制’等)与土地市场方式之间存在着一定的替代和互补关系。目前的经济学理论还未能给出市场、集体和政府之间的合理边界。中国的农村土地制度改革和农地流转市场发展的实践,充分体现了渐进式改革的特征。基于中国人民大学和美国农村发展研究所(RDI)2005年组织的17省农村土地调查的数据,本文对中国农地流转市场的现状、特点以及影响因素进行了分析,得出以下主要结论:1. 中国的农地流转市场仍然只具雏形,处于非常初级的阶段,且发育缓慢。农地市场的发展与农地制度改革与其他领域如城镇土地市场和城镇土地制度改革相比更加滞后。2. 在这种情况下,土地分配的完全行政方式(即土地调整)、过渡性方式(如‘两田制’、规模经营和‘反租倒包’等)不仅是对市场配置方式的替代,而且还存在着一定的互补关系。然而,尽管这种土地分配的混合模式是在现实的经济和制度约束下的一种理性选择,但是,土地市场的缺失使得农地资产的价值未能充分显现。这也许是影响中国农村经济发展和农民收入提高,造成城乡差距不断扩大的一个关键因素。3. 产权和制度因素是制约中国农地流转市场发展的主要因素。规范的合同签订与证书的发放能够促进农地市场的发展。此外,农户家庭人口数、非农人口比例、农民受教育程度等也是显著的影响因素。4. 与中国社会经济的区域性、农地制度的区域差异性相一致,中国的农地市场具有显著的区域差异性。调查结果表明,东北地区和东部沿海地区的土地市场发育相对更成熟一些,而中西部地区比较落后。此外,土地的微观区位也对农地市场的发展有显著影响,这不仅验证了区位理论的某些结论,而且对相关政策的制定具有重要的指导意义。”

学者陈卫平、郭定文在《农户承包土地流转问题探讨》(经济问题探索,2006/01)提出:“从总体上看,我国绝大多数农村目前尚不具备大规模土地流转的条件。

世界银行一份研究报告指出，当人均 GDP 小于 500 美元时，农民以分散的自给自足经营土地为主。这种传统方式的目标实现只能是单纯循环的自然经济，只有人均 GDP 大于 1000 美元之后，农村土地的商业运用和市场价值才能显现出来，表现在土地拥有者有转移土地的强烈愿望，而土地经营者又有扩张规模的迫切需求；二者的共同作用形成了市场的推挽效应，是土地使用权出现流转的经济的深层次动因。依据经济理论的分析和中国农村的现实，在满足宏观经济基础（人均 GDP 大于 1000 美元）的总体约束下，土地使用权流转制度的健康推行，还必须具备 5 个主要条件：农村人口中的恩格尔系数应在 45% 以下；农业产值在社会总产值中的比例小于 1000；农村经济中的非农活动收入在 75% 以上；农村劳动力人口中从事非农劳动的数量大于 5000；农业种植结构中经济作物种植面积占总面积的 3000 以上。如果一个地区不能满足以上标准，推行这种新型制度就可能遇到各种各样的困难，既得不到农民的自觉响应，也达不到预想的经济效果。参照世界银行设计的推进土地流转的标准，我们计算了中国经济相对发达的东部 10 个省份的相应指标值，在 6 个指标值中，中国平均水平只有'农村经济作物面积占总面积的比重'一项达到了世行标准；全部满足世行标准的只有北京和上海两市，其他一些发达的省市只有部分指标值满足条件。"

学者贺振华在《农户外出、土地流转与土地配置效率》（复旦学报（社会科学版），2006/04）提出："1990 年代中期以后，随着改革开放的深入和对农民进城务工的放开，劳动力市场已经有了很大改进，但是完善程度还不够。由于从事其他活动的收益远高于从事农业的收益，从成本角度考虑，有多余土地的农户很难雇佣到劳动力。换个角度理解，如果雇主雇佣劳动力从事农业生产，在农业收益率很低的情况下是要亏本的，这明显制约了劳动力市场的发展。另外，地方保护主义、户籍制度、迁移成本等增加了劳动力的流动成本，也制约了劳动力市场的发展。此外，雇佣劳动力还存在监督问题，雇工总有道德风险问题。因此，我们认为 1990 年代中期以来的劳动力市场是农户的劳动能够向下调整，却不能向上调整，即人均土地数量过少的时候，农户劳动力能够外出，从而提高人均土地数量；但是，人均土地数量过多的农户却很难雇佣到劳动力。由于农户之间劳动生产率基本相同,任何土地趋于平均的配置都能提高效率,然而土地流转市场不完善却使得土地流转不可能,因此,有必要引入替代性的能够平均化土地分配的机制。土地调整制度正是一个可能的选择。一般认为,土地调整制度会导致农户中长期投资减少,不过,土地承包权30年不变的土地制度在很多农村地区没有被认可,很多研究者都认为这是因为集体决策下农村社区更倾向于'公平'而不是'效率'。'公平'与'效率'是农户自发选择的结果,农民为什么选择这种没有效率的制度呢?为了说明这个问题,很多人想到了从'集体观念'以及传统文化入手。龚启圣和董晓媛试图从不完全市场角度来论证目前农地制度的作用。他们认为土地的均分可以看作是农民克服生存压力的一个集体回应。姚洋把农地制度看作是村庄内部集体决策的结果。他假定在农户的生存约束下,村庄在决定农地制度时倾向于最大化全村人口的福利之和。在这个假设下,他成功地解释了土地市场发育对土地调整的影响,并且说明了土地调整与土地丰度之间的关系。Tumer,Brandt and Rozelle 认为农地制度的区域差异取决于农地制度对全村剩余之和的影响。他们的一个重要假设是农地制度由村干部决定,而村干部则关心如何使全村生产剩余最大化。事实上,土地调整制度可能是要素市场不完善的条件下提高土地配置效率的一个替代机制。从理论上来说,如果存在一个完善的土地市场,劳动力市场不完善并不重要。但是,土地市场的发育往往比劳动力市场的发育更慢。从土地市场来看,由于各种制度的缺乏及习俗的制约,加上农业生产收益率低等原因,土地买卖与租赁市场都还不成熟。另外,作者提供了两个极有意义的观点:第一,在存在一个完善的土地流转市场的情况下,土地流转有助于生产效率的提高,但是,当农户可以通过外出调整劳动力时,却不一定会产生土地流转;第二,当不存在一个完善的土地流转市场时,如果农户生产率基本相同,土地调整也是一个相对有效的提高土地配置效率的机制。在目前的情况下,土地流转市场和劳动力市场都不完善,这为土地调整制度的实施提供了基础。农户生产率基本相同,或者说教育对农业生产的低影响则是土地调整能够提高土地配置效率的关键。"

学者孙瑞玲在《农村土地流转机制的创新研究——在农村土地流转现状调查基础上的思考》(农业经济,2008/02)提出:"目前农村土地还没有真正流转起来,流转的形式主要是转包和出租,流转价格混乱,非农建设用地的流转有侵蚀农民和国家利益的现象,村委会在大面积土地的流转中还起重要的中介作用,当地经济的发展和劳动力的转移是推动土地流转的重要因素。土地流转困难的原因在于缺乏完善的宏观管理机制和市场流转机制。加大政府支农的力度。由于土地流转困难最根木的原因不在于土地流转的供给方面,而是在于流转方面有支付能力的需求不足。也就是因为农业经营的经济效益差,缺乏能带来规模效益的种田能手和科技型农民。因此,应大力培育企业家型的农民和种田能手。对那些对农业有兴趣,有能力从事农业的生产者,要在各方面给予支持,把其培育为农业经营的主体,增强对土地流转的需求。在耕地的流转中,要建立有效的激励机制,可采取促进农业劳动生产率提高的政策,如每年中央财政可安排一定资金,地方再配套一定比例补贴给购买有利于促进农业结构调整、保护农业资源、节本增效高性能的大中型农业机械和先进适用农具的农民。尝试给予种田大户和规模经营的组织以奖励,促进土地向种田大户手中集中;可借鉴国外实行离农奖励金的措施鼓励其离农就业,加速土地流转。加大金融支持的力度,为农地使用权的流转创造优越的条件。土地信托合作社是指在保留土地承包权的基础上,将土地像银行存款一样存入农村土地信用社,土地信用社根据土地的地理位置、肥沃程度、升值潜力等确定级差性的'存地租金',定期向农民发放。由'储蓄'而集中起来的土地经过土地信用社的整理和公开招标竞争,出租给种田大户,搞规模化种植和养殖等。这些用地大户要按照所贷土地的地质地力差异和期限的长短缴纳贷地租金。贷地租金高于土地信用社向存地农民支付的'存地租金'。"

学者钟涨宝、狄金华在《农村土地流转与农村社会保障体系的完善》(江苏社会科学,2008/01)提出:"要依据土地使用权的流转来建构和完善中国农村的社会保障体系,就必须加强相应配套制度的改革与完善。第一,要强化土地承包权的物权性质。马克思的分析说明,产权关系是商品交换赖以发生的前提,是商品交换的当事人只有彼此承认对方的财产权利,才有可能发生交换行为。在中国农村,强化土地承包权的物权性质就是要在坚持家庭联产承包责任制的基础上,进一步地稳定农户的土地承包权,并赋予承包农户明确的土地处分权,借以行使转让、出租、入股和抵押等权利。在有条件的地方,可以实行永佃制,即形成独立的田底权和田面权,使所有权和经营使用权彻底分开,让农民取得继承、出租、转让土地的永久使用权,使土地经营使用权具有和土地所有权一样成为可让渡的权能。第二,建立和健全土地流转制度和流转机制。首先,建立农村土地流转的中介市场。在当前的农村土地流转过程中普遍存在着双边垄断的现象,即土地的转让方找不到土地的受让方,土地的受让方也找不到土地的供给方。在农村,土地转让的信息主要都是依靠邻居、亲戚、朋友以及村干部来获得的,因而获取信息的难度较大,而这种信息不对称的主要原因就在于缺乏信息供给的中介。建立农村土地流转的中介市场,将有利于推动农村土地流转的发生。其次,规范土地流转的程序。无组织性的土地流转严重地影响了土地流转的发生,也将直接影响转让双方的利益。笔者在湖北三个村的调查显示,农户间的农地流转几乎都以私下口头协议的形式进行,从流转数量、流转时间到流转后税费由谁负担,基本上都是私下口头的约定。农地流转既没有书面协议,更没有通过任何组织,协议稳定性差,纠纷隐患较多,双方权益无法受到法律的保护。因此健全土地流转机制也必须规范土地流转的程序,需要加强对土地测量、估价和土地合同管理等配套制度的规范,并提供相应的服务。此外,完善土地的信用制度也是健全土地流转制度的重要内容。国家应健全相应的政策及法规,充分地保障农户能够运用所承包的土地实现借贷、抵押等。农村土地制度及其实践中存在着双重的两难,即为了实现对农村的保障功能国家制定了稳定土地承包关系的制度,但在实践中,基层为了实现社区成员(特别是新增成员)的保障又不得不调整土地的承包关系,以至于促使土地制度发生变迁。这种双重的两难以及由土地调整的“实践逻辑”推动制度变迁的过程,客观上又预示着一个新的制度变迁产生的可能,即在完善土地制度的基础上,依托土地流转来构建和完善农村的社会保障体系。在新中国成立后,国家曾经建立了较为有效的农村社会保障体系,但伴随着集体时代的结束,国家对个人的保障连同土地一起交给了农户,家庭和土地成为了农户主要的保障手段,政府基本上不再负担农村的社会保障。而随着农民收入增长持续低迷,城乡差距急剧扩大,农村社会保障所存在的问题和困境也日趋突出。随着全国范围内的开始彻底免除农业税等措施的实行以及土地流转的大规模发生，土地的实际价值开始进一步得到体现和复原。以土地使用权的流转为契机构建中国农村的社会保障体系不仅在客观上存在着可行性，而且这也是在当前的社会背景下所能够作出的最合理的举措了。”

学者包宗顺、徐志明、高珊、周春芳在《农村土地流转的区域差异与影响因素——以江苏省为例》(中国农村经济，2009/04)提出：“随着农村工业化、城市化和农业产业化进程的不断推进，江苏农村土地流转呈现出加速发展的态势。对江苏农村土地流转区域差异和影响因素的分析结果表明，地区间经济发展水平存在的巨大梯度差异，对农村土地流转也产生了显著的影响，农村土地流转率随着地区经济发展水平的提高而明显提高。目前，农村土地流转年限仍以中短期所占比重最大，流转年限在 5 年以下者占流转总量的近一半。土地流转形式仍以出租和转包为主，种养业大户是目前土地流转的最主要流入方，吸纳了流转土地总量的近 50%。在各级地方政府的倡导下，土地流转的组织化程度、土地流转的集聚程度日趋增强，土地流转价格也呈现稳步上升的趋势。农村非农产业发展水平、劳动力文化素质、人均纯收入水平、社会保障水平和农业生产结构是影响农户土地流转行为的最主要因素。在苏南地区，农村居民的非农就业水平和非农收入水平均明显高于江苏其他地区，且由于苏南地方经济实力相对雄厚，当地农村居民的社会保障水平也相应较高，加之经济发达地区人均土地资源本来就少，来自农业的收入占家庭经营收入的比重相对于江苏其他地区要低得多，因而农户对土地的依赖程度也比其他地区农户低，土地流转的意愿相比其他地区则高得多。

“当前农村土地流转中存在的主要问题包括：土地市场发育滞后；有些地方土地流转操作程序不规范、手续不健全；一些基层政府部门职能定位不当；有些征地补偿标准过低，补偿款不能及时到位；等等。近几年来惠农政策的实施和附着于土地的政府财政补贴的增加也引发了一些土地流转纠纷。”

学者董国礼、李里、任纪萍在《产权代理分析下的土地流转模式及经济绩效》(社会学研究，2009/01)提出：“中国正处于重要的社会转型时期。在这一转型过程中出现经济与社会发展的失衡，导致了我国的市场经济环境不稳定，社会政策制度也不够成熟和完善。市场经济不发展到一定程度不会导致阶层的产生与分化,农民工阶层是社会转型推进到一定历史阶段的产物。在当前的环境下,进城务工的农民还不能作为真正的产业工人阶层存在,他们在城市乃至整个国家 - 社会关系的框架中依然处在劣势地位,成为一个既缺乏保护又缺乏约束的困难群体。城乡二元户籍制度的不平等导致农民在就业、教育、医疗、住房等方面受歧视、不能享受与城镇居民同等的待遇;同时,他们也没有足够的阶层能力跟政府谈判。在经济形势不景气的情况下,他们还面临失业回乡务农的可能。在这样的背景下,土地就成为承担农民的社会保障功能的一种福利手段,农民对土地的权力也就变为集体成员所享有的社会保障权的实现形式。这样,土地使用权的保障功能就成为农村土地制度的核心和基础,从而增加了农民工对于土地的依赖,这种依赖性将大大限制土地流转的规模和绩效。"

学者乐章在《农民土地流转意愿及解释——基于十省份千户农民调查数据的实证分析》(农业经济问题,2010/02)提出:"但农地土地政策的调整与实施应以尊重农民意愿为必要前提。本文通过全国 10 省市 30 个行政村 1032 户农民问卷调查数据的统计分析,发现当前农民的农地流动意愿整体上处于不高水平,无论是表示愿意承包别人土地还是愿意让别人承包自己土地的农民都属少数。个体、家庭和社区等因素都可以对农民的土地流转意愿提供一定程度的解释:年龄越大的农民土地流出意愿越弱,健康状况越差的农民土地流入意愿越弱,男性农民的土地流出意愿要强于女性;主要从事农业活动的农户土地流出意愿和流入意愿均强于主要从事非农业的农户;所处村庄的经济状况越好的农民土地流出意愿越强,越是处在平原地区的农民土地流入意愿越强。数据分析进一步显示,外出打工是各地农民愿意土地流出的主要原因,农民不愿意土地流出主要是因为土地可以提供基本生活保障,而在流入意愿较强的农民中多数仅仅只是因为觉得土地抛荒可惜,能以规模、技术和项目优势实现土地流转现象还非常少见。总之,广大农村临时性、零散性的土地流转非常普遍,而规模性、投资性的土地集中非常少见。农村土地流转困难的根本原因是大量农民对土地提供生活保障的依赖性有余而对土地实现收益增量的期望性不足。其政策含义是,加速土地流转的关键在于以规模化农业生产为标志的现代农业生产方式转型，增加土地流转以提高土地收益的实际效率，通过资金、技术和信息的支持以有力激发农民土地流转热情；应该鼓励农民非农就业，完善农村社会保障制度，通过制度、程序和降低土地依赖等措施积极扫除农村土地流转障碍。"

学者张曙光执笔北京天则经济研究所《中国土地问题》课题组在《土地流转与农业现代化》（管理世界，2010/07）提出："落实农村土地承包制度'长久不变'，为农村长治久安提供制度基础。完善农民土地产权权能，保障和实现农民对土地的财产权利。核心是确保农民土地承包权，搞活土地经营权，赋予农民土地处置权。设置土地流转的制度底线，制定防范侵犯农民权益的排他性政策安排。第一，土地无论以什么形式流转，流转给谁，必须由土地使用者与拥有承包权的农户签订合同；第二，地租必须全部归土地承包权拥有者；第三，规定一定年期内的地租上升幅度；第四，集体经济组织只能充当中介服务者的角色，不能当地主吃租；第五，土地承租主体不得将土地转作非农使用，制定农地非法非农化的法律处置办法，同时加强农民集体对这种行为的监督；第六，土地租用者在租约期内不得破坏土地耕作层。提高农户在规模流转决策中的主体地位和主导作用，进一步提升土地流转和规模经营的市场化操作水平。既要发挥政府在推动土地流转和规模经营中的作用，又要规范政府的行为。创造宽松的社会环境，促进和保护农村企业家的生存和成长。以民间资本为主，开放和发展农村金融，解决土地规模流转和农村发展的融资问题。中国经济发展的一大问题是金融发展滞后，无法满足经济发展对融资的需求，这一点在农村表现得更为突出。支持和发展农民合作组织和家庭农场，探索以种植粮食为主业的土地规模流转问题。在我们的调查研究中，以种植粮食为业的土地流转不多，且以大户和国有粮食企业为主，进入农村的其他企业几乎没有种粮的案例。这既与种粮的收益太低有关，也与现行的鼓励政策不当有关。政府的各种种粮补贴应当补给种粮的主体，而不应补给把土地流转出去的农户。至于土地流转补贴倒应当补给把土地流转出去的农户，这就会起到鼓励土地流转的作用。"

学者黄延信、张海阳、李伟毅、刘强在《农村土地流转状况调查与思考》（农业经济问题,2011/05)提出:“切实落实农村土地承包关系长久不变。赋予农民更加充分而有保障的土地承包经营权,强化农民地权稳定性预期。在土地权属不清的地方,要加强研究、尊重历史、承认现实,协调各方利益,清晰界定农地权属关系。在此基础上抓紧完成农村二轮土地承包后续完善工作,做好农村土地确权颁证工作,将土地承包关系长久不变真正落到实处,为土地流转奠定坚实的制度基础。引导农村土地流转行为长期化和规范化。制定土地长期流转的鼓励和支持政策,引导转出土地农民与经营者签订长期流转合同,为经营者增加长期投入、开展基础设施建设创造条件。引导流转双方采取以实物计量货币结算或租金稳定递增等方式结算流转费用,合理分配土地收益。引导农民在平等互利、协商一致的基础上,签订统一规范格式的书面合同并报发包方备案,增强流转合同的约束力,提高流转行为的规范化水平。正确引导工商资本参与土地流转的行为。既要发挥工商资本带动农业转型升级、促进农民就业增收的积极作用,也要防止其与农民争利甚至侵害农民土地利益的行为。强化土地用途管制,坚决制止工商企业流转土地后直接或变相改变土地农业用途的行为。提倡和引导工商资本通过‘龙头企业+合作社+农户’、‘龙头企业+基地+农户’等形式参与土地流转,提升农民在土地流转中的话语权和分配地位,不提倡工商企业直接流转经营农民的承包土地。完善粮食主产区利益补偿机制。现有产粮大县奖励政策不足以改变产粮大县财政拮据的状况,不足以调动地方政府保护耕地建设耕地、发展粮食生产的积极性。建议由中央财政和粮食主销区按一定比例共同筹集资金,建立国家粮食安全保障基金,对产粮大县依据商品粮调出数量、按照一定标准进行转移支付补偿,鼓励主产区地方政府管好地、多种粮、种好粮。健全社会保障体系。尽快实现新型农村社会养老保险制度全覆盖,逐步提高保障水平,并尽快统一城乡养老制度,努力消除流出土地农户的后顾之忧。有条件的地方可依据流转期限对转出土地农户进行不同标准的补贴,用于其养老保险自缴补助。在城乡社保体系实现一体化之前,对转出土地的农户实行优先保障,将城市规划区内转出土地的农民纳入城镇社会保障体系。”

学者刘卫柏、陈柳钦、李中在《农村土地流转问题新思索》(理论探索,2012/

02）提出："推动农村土地流转，发展现代农业，实现规模经营，解决土地细碎化问题成为破解'三农'问题的关键。目前我国农村土地流转实践主要有农村土地互换、农村土地出租、农村土地股份合作、农村土地入股、农村土地转包五种情况。这些探索既有成功的经验，也存在改变耕地用途、侵害农户利益、难以控制不确定性风险、金融支持力度不够等问题。推进我国农村土地流转，需要规范农村土地流转用途管制，完善农村土地产权管理制度，推动农村土地流转的机制创新，完善农村土地流转保障体系。"

学者孙玉娜、李录堂、薛继亮在《农村劳动力流动、农业发展和中国土地流转》（干旱区资源与环境，2012/01）提出："通过实证研究验证了这样一个疑问：明显的农业增长是否因为农村劳动力迁移而为农村土地流转提供了变革空间？结果表明：农村劳动力流动对农业经济增长有着显著的影响，但是劳动力流动却没有促进农户的土地流转。这说明了农村劳动力流动没有内生地影响到农村土地流转，农村土地流转市场的发育需要以外部推动来健全。"

学者钟晓兰、李江涛、冯艳芬、李景刚、刘吼海在《农户认知视角下广东省农村土地流转意愿与流转行为研究》（资源科学，2013/10）提出："以广东省为例，基于446份农户调查数据，从农户自身特征、农户家庭特征、农户生活感知、农村社会保障认知、农地政策制度认知、农户金融服务认知6个方面探寻农地流转意愿主要的影响因素，分析其农地流转行为特征与原因，并剖析了流转意愿与流转行为的差异性及其原因。研究结果表明：①农户的农村社会保障认知显著影响农户土地流转意愿，且和完善农村社保制度相比，稳定的非农就业机会和收入来源更能提高农户农地流转意愿；土地调整制度的相对稳定性并不能提高农户土地流转的意愿，而土地抛荒现象受惩罚可能性越大时，农户土地流转意愿越大；在当前农村信贷金融市场不健全的背景下，农户金融服务认知对农户土地流转意愿影响不显著。②家庭耕地面积越大、家庭年收入越高、收入来源以非农业为主及家庭参加农村社会养老保险等家庭特征能显著提高农户流转意愿，但农户个体特征及对生活的感知对其影响不显著。③样本农户中有土地流转意愿的农户达41.3%，农户土地流转率为33.2%。土地流转形式以出租为主，流转过程中有中介参与，村行政管理部门监督管理土地流转机制不够完善。④广东省农户土地流转的行为特征存在地区差异。与粤东、粤西和粤北相比,珠三角农户的土地流转行为更规范,流转对象更广泛,村行政管理部门监督管理土地流转机制更完善,土地流转行为更有法律意识。⑤农户土地流转参与意愿越强烈,流转行为越容易发生,但调查农户中仍有30%的农户有流转意愿却未发生流转行为。导致农户土地流转意愿与行为差异的主要原因是土地流转的外部环境。”

这些研究显示了土地流转理论演进的大致轨迹。由政策研究趋向实证研究,再趋向民生研究。这些研究对于兵团土地流转的现实问题,具有重要的借鉴意义。

四、兵团土地流转制度运行的主要风险简析

(一)粮食安全风险

粮食安全风险是一个国际性的问题,也是中国必须面临的问题。按照联合国粮农组织的定义,粮食安全不仅仅简单地指可以获得足够的粮食,也是指所有人在任何时候都能在物质上和经济上获得足够的、安全的和富有营养的粮食,来满足其积极、健康生活的膳食需要以及食物爱好。目前全球粮食体系正变得越来越脆弱。首先是国际市场粮源有限。世界粮食市场本来就面临比较激烈的竞争,未来竞争可能更趋激烈。其次是国际粮食市场价格上涨,波动加剧。全球气候危机日益增加、耕地持续减少、主要产粮国出口政策管制等因素减少了粮食供给,世界粮食形势日趋严峻。

联合国粮农组织2017年2月发布报告《粮食和农业的未来:趋势与挑战》指出,国际社会必须不断努力解决自然资源减少、不平等加剧、气候变化危害等重大挑战,否则全球粮食安全将面临巨大风险。虽然成员国过去30年来在减少全球饥饿方面取得了实实在在和举世瞩目的进展,但许多地区粮食增产和经济增长以破坏自然环境为沉重代价。曾经覆盖地球的森林近一半已不复存在,地下水源正在迅速枯竭,生物多样性已被严重侵蚀。到2050年,全球人口或将增至近百亿。在经济平缓增长的情况下,这一人口趋势将导致全球农产品需求增长50%。与此

同时,随着全球饮食结构的变化,更多的人将减少食用谷物,增加肉类、水果、蔬菜和加工食品的消费,这将进一步加剧多重压力,包括森林砍伐、土地退化和温室气体排放。若不推动世界农业和粮食系统的投资和改造,到2030年,即可持续发展议程所确定的消除长期粮食不安全和营养不良状况的时间,仍将有许多人会挨饿。若不进一步努力促进扶贫发展,减少不平等和保护弱势人口,到2030年,将仍有超过6亿人吃不饱饭。事实上,目前的进展速度甚至不足以在2050年消除饥饿。全球主要作物的产量增长趋于平缓。据统计,自20世纪90年代以来,全球玉米、稻米和小麦产量的年均增长率总体上仅略高于1%。为应对多重挑战,农业系统、农村经济和自然资源管理都要进行重大转型变革,核心问题是如何减少投入,增加产出,同时保护和改善小农户的生存状态,确保弱势群体获得粮食。

农村土地流转带来的粮食安全风险主要来自于土地用途变更致使非农用地增加,或者虽然保持农用地的耕地性质,但是农业生产由粮食作物向非粮经济作物大面积转变。2008年10月12日,中国共产党第十七届中央委员会第三次全体会议通过《中共中央关于推进农村改革发展若干重大问题的决定》,明确提出:"坚持最严格的耕地保护制度,层层落实责任,坚决守住十八亿亩耕地红线,划定永久基本农田,建立保护补偿机制,确保基本农田总量不减少、用途不改变、质量有提高,继续推进土地整理复垦开发,耕地实行先补后占,不得跨省区市进行占补、平衡""实行最严格的节约用地制度,从严控制城乡建设用地总规模。"但是在经济利益驱动下,中央三令五申,地方政府置之不理,或者上有政策下有对策,城乡建设用地与农业用地之间巨大的价格差持续刺激地方政府的逐利冲动,使得十八亿亩耕地红线难以坚守,或者虽然形式上守住数字,但是大量出现实质上的"劣田驱逐良田"的现象。从各地关于城乡统筹中土地流转的实践经验来看,城镇化进程可能带来农业用地质量下降的严峻问题。目前各地方普遍通过占补平衡来实现土地流转的数量平衡,但却忽视了土地质量平衡的问题。在经济利益导向下,地方政府把重点放在了土地的数量平衡上,土壤肥力等质量问题极少引起重视。在土地复垦中,也只是将建设用地简单复垦成为耕地,这些复垦后的耕地多为"生地",与富含有机肥的"熟地"在粮食生产能力上有巨大差距。这将导致土地自然生产能力下降和萎缩,增大了未来粮食安全的风险。

例如课题组调研所见,个别地区执行耕地先补后占政策的做法是,在万里戈壁开荒垦出劣田,再占用良田大兴土木搞城市基础建设,结局是完成先补后占,最后良田消失,劣田遍地。在中央推行城镇化的大背景下,地方政府将大量耕地征用为建设用地,村干部也抓紧机遇剥夺农民的集体土地承包经营权,这些逐利行为对国家粮食安全构成极大风险。

中国农业发展在面临机遇的同时,也存在着粮食安全的挑战。随着世界贸易的不断扩张,中国农业的竞争优势会不断降低,出口相对减少,进口会增加,不仅给中国农业和农民收入带来冲击,也对中国长期的粮食安全带来不利影响。中国应吸取日本的经验,保持较高的粮食安全水平,作为一个人口大国,粮食供给不能主要依赖国际市场,在主要谷物供给上应不低于90%的自给率。第一,中国应鼓励引导农业合作化经营。通过粮食合作社,把分散的农户组织起来,稳定中小生产者的生产经营和生活,稳定农业,稳定粮食供给。第二,通过发展强大的社会化服务体系,带动小农进入市场。推进基本公共服务均等化,加强农村金融,鼓励规范非正规金融组织在农村发展。第三,政府在农业支持上,应加大绿箱政策,采取脱钩的直接补贴,应在财政中逐步拿出更多比例的收入补贴农业,提高中国农产品在国际市场上的竞争力。第四,加强农业科技推广和农田基础设施建设,加强农村水利建设,增加粮食供给。第五,加强农业区域合作,特别是加强中国和邻国尤其是东盟的农业合作。因为中国农业的主要出口国和相当大比例进口来自邻国,此外也包括加强中非农业合作。第六,中国应通过多哈发展回合贸易谈判为保障粮食安全谋取空间。新一轮谈判应承认并重视国内补贴对发展中国家的粮食安全至关重要,允许发展中国家提供所有旨在增加国内粮食生产、利于粮食安全的所有国内补贴。中国在未来的 WTO 谈判中要为中国农业长远发展预留空间,争取尽可能大的保护空间(张兴无,2012)。“农业内部结构的改变同样会危害国家粮食安全。在现代农业发展过程中,现代农业企业按契约组建,在市场经济条件下,企业经营的逐利性会影响国家的粮食安全。”随着土地流转增多,农业现代化推进,农业龙头企业会面对承担社会责任与实现盈利的两难冲突。当盈利的冲动占优时，可能会在利益的驱动下，把原本属于耕地、林地或者草原地的土地开发为优质经济作物产地，或者牲畜、水产养殖，甚至兴建乡镇企业或者盖小产权房。这样会导致农业用地的“非粮化”趋势，用于种植粮食的土地面积和比重趋于缩减，土地用途变相改变，农业内部结构的改变同样会给国家粮食生产安全带来极大的风险。

（二）宏观契约风险

土地性质的特殊性决定了农村土地流转实际上存在政府与行政相对人的契约和平等的民事主体之间契约两个契约。平等的民事主体之间契约风险，属于微观的契约风险。政府与行政相对人之间的契约实际上根源于土地政策和法律的制定，于是出现农村土地流转制度的现代市场经济需求和传统的计划经济框架与计划经济思维的冲突风险。例如土地出让金制度就属于宏观的契约，可能会带来宏观契约风险。

土地出让金是指各级政府土地管理部门将土地使用权出让给土地使用者，按规定向受让人收取的土地出让的全部价款，指土地出让的交易总额，或土地使用期满，土地使用者需要续期而向土地管理部门缴纳的续期土地出让价款，或原通过行政划拨获得土地使用权的土地使用者，将土地使用权有偿转让、出租、抵押、作价入股和投资，按规定补交的土地出让价款。土地出让金，是一个与土地和土地使用权相联系的新范畴，是一个土地财政问题。土地出让金，在社会主义宏观调控中具有双重功能：一是调节土地的利用，改进和调整产业结构，包括一二三产业结构、各业内部结构等，制约或促进经济发展；二是土地出让金的分配，作为调整市场经济关系的经济杠杆，调控在国家、土地所有者和土地使用者之间合理分配土地收益，调节市场竞争关系等。土地出让金，实际上就是土地所有者出让土地使用权若干年限的地租之总和。现行的土地出让金的实质，可概括为它是一个既有累计若干年的地租性质，又有一次性收取的似税非税性质的矛盾复合体。土地出让金具有地租而非税性质。税收是国家作为管理者对纳税人为国家缴纳的经济义务，具有强制性、无偿性和固定性。土地出让金，将累计若干年地租总和，采取一次性收取，则又似有税收的非租性质。土地出让金自身就是这样一个内在矛盾的复合体。也就是说,土地出让金,具有租与税的双重属性。土地出让金准确地说,是土地使用权的交易价格;也可简单地理解为地价,其价格高低取决于土地市场的供求关系。土地管理法对土地出让金的使用范围作出了明确的规定,土地出让收入主要用于征地和拆迁补偿支出、土地开发支出、支农支出和城市建设支出等。在土地国有的情况下,国家以土地所有者的身份将土地使用权在一定年限内让与土地使用者,国土资源部要求开发商必须在 1 年或 2 年内开发,如囤积土地要罚款或收回土地使用权;但地方政府多数不执行,多数袒护开发商,导致房源紧张房价暴涨。土地使用者一次性或分次支付的一定数额的货币款,称为土地出让金。土地出让的高低与土地的用途、位置和土地出让年限紧密相关。土地出让金一般一次性支付。但有的土地的出让金金额巨大、办理出让手续所需的时间较长,所以也有多次支付的形式。土地出让金已成为地方政府预算外收入的主要来源。土地出让金制度带来的一些弊端也相当突出。各级地方政府在财政收入方面没有自主权的财政压力下,土地出让金可使地方政府将后 50 年至 70 年的土地收益一次性收取,必然造成地方政府运用各种手段扩大出售土地换取收入的短期行为。

现有土地管理制度实质上就是政府与行政相对人的强制契约。这种强制性的宏观契约的运行也会导致巨大的社会风险。如取消集体土地的建设用地使用权,集体土地要进入市场交易,必须先由国家征地,这样政府完成了整个建设用地供应的垄断,垄断的后果就是地价飞涨、房价飞涨。同时,通过低价征地来取得国家所需要的建设用地时,因为征地价格定得很低,造成大量失地农民贫困化,如被征地农民不愿接受,政府就强征强拆,导致激烈的官民矛盾。政府用低价征来土地之后,旋即高价出让,即可收入巨额的土地出让金收益。虽然土地出让金收益大大地促进了土地城镇化,但是也造成地方政府施政过程中对土地出让金的路径依赖,也造成地方政府官员贪污腐败、以地谋私,形成恶性循环。建设用地指标是通过划拨使用,地方用地项目就不需缴纳土地出让金,地方政府就能够用极低的成本来进行基础设施建设,所以造成一些政府大楼、大学城、大广场等形象工程纷纷上马。此类形象工程多占用优质耕地,造成土地资源的较大浪费。同时,计划下达的建设用地指标、规划有时会跟地方经济发展需要完全脱节，地方政府经济发展急需却拿不到计划用地指标，就只好顶风违法用地，致使违法用地现象大量制度性滋生。

课题组认为，现有土地管理制度实质上以计划经济为内核的强制契约。已经造成政府与行政相对人的严重冲突，带来极大的社会风险。需要朝向以市场经济为内核的现代强制宏观契约改革转变。

（三）土地权利叠加风险

土地权利由物权法、土地管理法等基本法律设定。土地权利是法律制度的核心内容，一般属不动产物权范畴，是指权利人按照法律的规定直接支配土地的权利。土地权利的四项基本权能：占有、使用、收益和处分。占有指对土地事实上的管领，也即实际控制的权能，它总是表现为一种持续的状态。如土地租赁中土地承租人对土地的实际占用等。使用指按照土地的性能和用途利用土地，从而实现利益的权能。如在依法取得的土地上建造厂房，在耕地上种植农作物等。收益指获取土地利用带来的经济收入，可以通过以下两种方式实现：一是利用土地的自然属性获得收益，如在耕地上种植农作物直接收获粮食；二是依一定法律关系的存在而获得收益，如把土地出租而收取租金等。处分指权利人依法对土地进行处置，从而决定土地命运的权能，包括事实上的处分与法律上的处分。事实上的处分指对土地进行实质上的变形、改造等物理上的事实行为，如对土地进行平整等。法律上的处分指使土地权利发生变动的法律行为，如土地使用权的转让、抵押等，处分权能在这里更多地指法律上的处分。占有、使用、收益、处分这四项基本权能，反映了各种土地权利的内涵。需要指出的是，在有些情况下，权能之间会发生吸收和竞合。如占有权能就经常会被使用权能吸收，使用权能也可能与处分权能发生竞合等。于是，产生土地权利叠加问题。

土地所有权指土地所有者对土地占有、使用、收益和依照国家法律作出处分并排除他人干涉的权利。我国的土地所有权包括国家土地所有权和农民集体土地所有权。国家土地所有权的对象包括：城市市区的土地；农村和城市郊区已经依法没收、征收、征购为国有的土地；国家依法征收的土地；国家未确定为集体所有的林地、草地、荒地、滩涂及其他土地。国有土地所有权由国务院代表国家行使。农民集体所有土地的对象包括:我国农村和城市郊区的土地,除法律规定属于国家所有的以外,属于农民集体所有;宅基地和自留地、自留山,属于农民集体所有;农民集体土地所有权主体是乡(镇)、村和村内两个以上集体经济组织(或者村民小组)的农民集体。《中华人民共和国土地管理法》和《中华人民共和国物权法》明确规定,农民集体所有的土地依法属于村农民集体所有的,由村集体经济组织或者村民委员会经营、管理;属于村内两个以上农村集体经济组织的,由村内各该农村集体经济组织或者村民小组经营、管理;属于乡(镇)农民集体所有的,由乡(镇)农村集体经济组织经营、管理。

土地使用权指土地使用者根据法律、文件、合同的规定,对国家或集体所有的土地享有的占有、使用、收益及部分处分的权利。土地使用权分为国有土地使用权和集体土地使用权。《中华人民共和国物权法》明确土地承包经营权、建设用地使用权、宅基地使用权、地役权等是用益物权。《土地登记办法》规定国有土地使用权包括国有建设用地使用权和国有农用地使用权,集体土地使用权包括集体建设用地使用权、宅基地使用权和集体农用地使用权,不含土地承包经营权。根据土地管理法、《土地登记办法》的相关规定,土地使用类型只有土地划拨和土地出让两种形式。1. 划拨土地使用权。划拨土地使用权是指经县级以上人民政府依法批准,在土地使用者缴纳补偿、安置等费用后,取得的国有土地使用权,或者经县级以上人民政府依法批准后无偿取得的国有土地使用权。由此可见,划拨土地使用权有两种基本形式。(1)经县级以上人民政府依法批准,土地使用者缴纳补偿、安置等费用后取得的国有土地使用权。这种划拨土地使用权有两个显著特征:一是土地使用者取得土地使用权必须经县级以上人民政府依法批准,二是土地使用者取得土地使用权必须缴纳补偿、安置等费用。(2)经县级以上人民政府依法批准后,土地使用者无偿取得的土地使用权。这种划拨土地使用权也有两个显著特征:一是土地使用者取得土地使用权必须经县级以上人民政府依法批准,二是土地使用者取得土地使用权是无偿的,也就是说无须缴纳任何费用、支付任何经济上的代价。2. 出让土地使用权。出让土地使用权是指国家以土地所有者的身份将国有土地使用权在一定年限内让与土地使用者。由土地使用者向国家支付土地使用权出让金后取得的土地使用权。取得出让土地使用权有以下几个特征:①取得的土地使用权是有偿的。土地使用者取得一定年限内的土地使用权应向国家支付土地使用权出让金。国家凭借土地所有权取得的土地经济效益,表现为一定年期内的地租,一般以土地使用者向国家支付一定数额的货币为表现形式。②取得的土地使用权是有期限的。土地使用者享有土地使用权的期限以出让年限为限。出让年限由出让合同约定,但不得超过法律限定的最高年限。③取得的土地使用权是一种物权。土地使用权出让是以土地所有权与土地使用权分离为基础的。土地使用权出让后,在出让期限内受让人实际享有对土地占有、使用、收益和处分的权利,其使用权在使用年限内可以依法转让、出租、抵押或者用于其他经济活动,合法权益受国家法律保护。土地使用权出让的形式有三种,即协议出让、招标出让和拍卖出让。土地征收是指国家为了社会公共利益的需要,依据法律规定的程序和批准权限,并依法给予农村集体经济组织及农民补偿后,将农民集体所有土地变为国有土地的行为。土地征收指国家依据公共利益的理由,强制取得民事主体土地所有权的行为。我国土地征收的前提是为公共利益。

土地承包经营权是指具备承包条件的单位和个人通过承包合同方式对集体所有的或国家所有依法由农民集体使用的耕地、林地、草地以及其他方式用于农业的土地所获得的占有、使用和收益的权利。国有土地可以由单位或个人承包经营,从事种植业、林业、畜牧业、渔业生产。农民集体所有的土地可由本集体经济组织的成员承包经营,从事种植业、林业、畜牧业、渔业等农业生产活动;农民集体所有的土地由本集体经济组织以外的单位或者个人承包经营的,必须经村民会议 2/3 以上成员或者 2/3 以上村民代表的同意,并报乡(镇)人民政府批准。承包经营土地,发包方和承包方应订立承包合同,约定双方的权利和义务。土地承包经营权人依照《中华人民共和国农村土地承包法》的规定有权将土地承包经营权采取转包、互换、转让等方式流转。通过招标、拍卖、公开协商等方式承包荒地等农村土地,依照《中华人民共和国农村土地承包法》等法律和国务院规定,其土地承包经营权可以转让、入股、抵押或者以其他方式流转。土地承包经营权期限为:耕地30年;草地30～50年;林地30～70年;特殊林木的林地承包期,经国务院林业行政主管部门批准可以延长。在土地承包经营期间,对个别承包经营者之间的土地进行适当调整的,必须经村民会议2/3以上成员或者2/3以上村民代表的同意,并报乡(镇)人民政府和县级人民政府农业行政主管部门批准。承包地被征收的,土地承包经营权人有权依照法律规定获得相应补偿。

土地他项权利是指土地所有权和使用权以外与土地有密切关系的权利,是在他人土地上享有的权利,主要包括地役权、土地租赁权、土地抵押权等。

我国物权法确立了不动产统一登记制度。这一基本原则,决定了我国不动产登记的发展趋势和方向,也决定了我国土地登记制度的未来发展方向。土地是最重要、最基础的不动产,土地登记是不动产登记的基础。在国家出台不动产登记法规之前,以部门规章的形式调整规范土地登记,具有迫切的现实意义。根据国土资源部令第40号《土地登记办法》第十七条规定,土地权利证书包括:(一)国有土地使用证;(二)集体土地所有证;(三)集体土地使用证;(四)土地他项权利证明书。国有建设用地使用权和国有农用地使用权在国有土地使用证上载明;集体建设用地使用权、宅基地使用权和集体农用地使用权在集体土地使用证上载明;土地抵押权和地役权可以在土地他项权利证明书上载明。土地权利证书由国务院国土资源行政主管部门统一监制。

课题组认为:同一土地之上不可设定过多权利,因为同一土地之上设定过多权利,自然导致同一土地之上的权利叠加。例如,以已经抵押的土地出资入股,或者同一土地经多手流转。这样的权利叠加在实践中会带来不能避免的权利冲突与撞车的风险。权利冲突的实质是利益冲突,结局一般会演化为诉讼。“无论是哪种方式的土地流转,均包含诚信风险:在国家允许的土地流转中,诚信风险主要表现在合同不规范上,当出现纠纷时双方各执一词,难以定夺,而对于不合法的土地流转,诚信风险更容易变成求偿风险,即流转利益受损方想要获得赔偿时,由于流转方式本身不合法,导致合理诉求不能依法实现。”由于现行法律对于不同土地权利之间的位阶关系作出足够明晰的界定因此会导致土地权利尤其土地衍生权利边界的不确定性和模糊性,从而导致土地纠纷出现时债权人利益不能得到足够保护，甚至在诉讼时无法可依。

权利叠加时，不同权利持有者对于土地的主观态度亦有巨大不同，这种不同会孕育出巨大风险并在一定时刻显现。例如：自政府或者集体承包耕地的大地主，一般会愿意保护耕地，分包土地的二手大地主一般也会愿意主动保护耕地，因为他们都能强烈意识到耕地就是他们的财源。但是最终耕种耕地的分包链末端的小农，则极其容易出现赚钱就留、赔钱就跑的短视行为。这种短视行为对于自私的个人无可苛责，但是对于农业生产的破坏性也过于明显。这种风险出现的根源就是土地不受限制的分包所导致的土地权利叠加。

（四）农民权益保障风险

农村土地流转带来的农民权益保障风险主要有农民失地风险和土地流转后歉收风险。由于国家体制中农村和农民对于国家政治和经济波动具有的重要缓冲作用，因此，此类风险爆发极可能带来大规模群体事件甚至社会动荡。这些风险可以通过城镇化的推进化解一部分，但是城镇化的进程依然漫长，妥善安置农民，依然要靠在农村土地流转中有效化解农民权益保障风险。首先，农民在城镇化和土地流转的大形势中处于相对的弱势地位，由于我国法定的农村土地集体所有的性质，决定了如果乡镇政府或者村委会强迫农民转让集体土地，农民就会面临失地风险。“农村土地流转涉及农村各阶层利益的重新分配，理应公正、合理、有序地进行。但是，一些农村的部分村级管理者利用自己的身份优势和手中权力，无视群众的意愿和利益，为谋取个人或集团的利益进行暗箱操作，破坏社会公平正义、扰乱社会秩序。这严重影响了一般劳动者土地流转的积极性，也为农村社会的安定团结埋下巨大的隐患”。其次，如果农民以土地承包经营权入股或者抵押融资，一旦出现入股企业破产或者投资经营失败，农民所有的土地依法会被拍卖或抵债，农民此时也会面临失地风险。

在当前中国政府众多改革之中，土地改革的重要性不亚于其他任何改革。理论上看，土地作为重要的生产要素，需要明确产权并且构建与之相配套的高效的土地流转市场，才能实现其对经济社会高效的作用。然而，尽管包括农村土地流转在内的土地改革有其理论上的道理，但当前中国土地改革备受争议。从目前来看,土地改革确实面临着不少的挑战和风险。农民流转土地的权益保障可能难以名符其实。农村土地流转与其他土地出让一样,核心是价格即补偿机制的问题。而中央办公厅、国务院办公厅《关于引导农村土地经营权有序流转发展农业适度规模经营的意见》指出“土地是否流转、价格如何确定、形式如何选择,应由承包农户自主决定”,这表面上体现自主自愿的原则,但中央却未给出相应权益保障的明确法律支撑,而是要求地方制定相应的违规处罚条款。地方政府并没有积极性出台强有力的保障措施,因为农户土地流转的充分自主性可能导致土地流转的成本极高,从而可能导致地方农业发展规划受阻。在此背景下,如果农户出现类似拆迁暴力等强制性土地流转时,侵权主体应受何种处分并未明确。在实际生活中,农户往往是困难群体,如果此举没能及时落实,那么农民土地流转的权益不仅可能难以保障,而且可能加速土地非法集聚(陈建奇,2014)。土地流转是指在不改变农村土地所有权性质及土地农业用途的基础上,农民依法自愿将其土地承包经营权转移给他人的行为。土地流转实现了农业资源优化配置,提高了农民收入,促进了农业经济的增长。土地流转能否健康发展取决于土地流转主体的权益能否得到有效保护。然而,在现实中,农民作为土地流转主体其权益受到侵害的现象时有发生,影响了广大农民参与土地流转的积极性,限制了土地流转的速度和效益,探究农民权益保护问题已成为当前土地流转工作的重要课题。

随着土地流转主体的日趋多元和利益关系的日趋复杂,不同利益主体之间不可避免地展开了激烈的竞争。农民因先天的弱势性在利益角逐中显然处于不利地位,权益受到侵害。主要表现在以下几个方面:从流转主体上看,现行法律赋予农民集体土地承包经营权,农民可依法自愿将土地以转让、转包、出租、互换、入股等方式转移给他人。在实际操作中,却有少数基层干部,不尊重农民意愿,在无农户签名委托的情形下,自行以流转主体身份直接介入流转合同的订立,干预土地流转;还有个别村委会违背民主议事原则,不经法定程序擅自把集体所有四荒地对外出租,侵害了农民权益。由于农民组织化程度不高,又缺乏利益表达机制,在过分强调业主利益保护的行政干预下,土地流转价格常常得不到合理保证。另外,由于价格调节机制不健全,信息不对称,农民也会面临土地转让价格偏低、约定不合理等问题。特别是在租期很长的流转项目中,农民仅关心眼前利益,缺乏对土地未来增值收益的考虑,经营者采用租金一次性给付方式,使土地流转价格难以随土地经营收益增加而调整,农民的远期利益受到损害。《农村土地承包经营权流转管理办法》明确规定:“农村土地承包经营权流转收益归承包方所有,任何组织和个人不得侵占、截留、扣缴。”尽管如此,仍有少数基层干部受利益驱动,不顾农民力量分散和知识薄弱,以低价反租倒包强制流转,侵害农民收益;还有一些地方土地流转程序不规范,大多都是以口头约定,很少签订书面合同,即便是采用书面合同,也存在着权利义务约定不明、违约责任不详等问题,不登记、不备案、不审批,缺乏对业主资格和经营能力的审查监督,结果当业主面临自然和市场双重风险,经营项目难以达到预期效果时,不兑现租金或要求降低租金的现象就会发生,使得农民的收益无法得到保障。《中共中央关于推进农村改革发展若干重大问题的决定》明确要求,土地承包经营权流转,不得改变土地所有性质,不得改变土地用途,不得损害农民土地承包权益。但是,在土地流转实践中,由于一些政府部门监管不力,少数开发企业擅自破坏土地耕作层、乱挖乱建、违法改变土地农业用途现象依然存在;另外,不依法办理农用地转用和土地征收审批手续,通过租用集体所有的农用地进行非农业建设的“以租代征”的违规流转现象也有发生,造成农民失地。土地对于农民具有生产资料和社会保障双重功能。在现实生活中,大部分农民文化技能不高,就业门路少,收入水平低,土地依然是农民赖以生存的基本生活保障。农民一旦失去土地,温饱就会难以维持,面对政府就业援助与社会保障机制尚不够完善的现实,失地农民面临着生存风险。

经济发展极大可能带来土地的迅速增值,使地租相应迅速增长。这样如果农民土地转让签署的是长期合同,则地租租价很难与市场地租增长同步,这使得签署短期土地转让合同更为优选。但是短期土地转让合同又明显不利于农民进城或者以其他方式构建新的稳定的生产生活关系。因此,短期土地转让合同和长期土地流转合同的差别,蕴藏着农民土地流转后利益歉收的风险。当然,无论短期土地转让合同还是长期土地流转合同,只要承租方经营失败开始跑路,农民都会面临血本无归,但这属于市场经济下不能避免的风险。

五、完善兵团土地流转的对策建议

(一)抓住中央政策机遇

2015年11月27日,《中共中央国务院关于进一步推进农垦改革发展的意见》指出:创新农业经营管理体制。坚持和完善以职工家庭经营为基础、大农场统筹小农场的农业双层经营体制,积极推进多种形式的农业适度规模经营。强化国有农场农业统一经营管理和服务职能,建立健全农场与职工间合理的利益分享和风险共担机制。积极培育新型农业经营主体,发展股份制、公司制等农业经营形式,既要防止土地碎片化,又要防止土地过度集中。构建权利义务关系清晰的国有土地经营制度,改革完善职工承包租赁经营管理制度,建立经营面积、收费标准、承包租赁期限等与职工身份相适应的衔接机制。职工承包租赁期限不得超过其退休年限,防止简单固化承包租赁关系。职工退休时,在同等条件下其承包租赁土地可由其在农场务农的子女优先租赁经营。

2016年1月28日,《中共中央国务院关于落实发展新理念加快农业现代化实现全面小康目标的若干意见》指出:当前,我国农业农村发展环境发生重大变化,既面临诸多有利条件,又必须加快破解各种难题。加快转变农业发展方式,确保粮食等重要农产品有效供给,实现绿色发展和资源永续利用,是必须破解的现实难题;在受国际农产品市场影响加深背景下,如何统筹利用国际国内两个市场、两种资源,提升我国农业竞争力,赢得参与国际市场竞争的主动权,是必须应对的重大挑战。农业是全面建成小康社会、实现现代化的基础。

作为中央文件配套,国土资源部印发《关于补足耕地数量与提升耕地质量相结合落实占补平衡的指导意见》,规定:贯彻落实党中央、国务院关于严格耕地保护的决策部署,充分发挥耕地占补平衡对工业化、城镇化建设占用耕地的补救作用,大力推进土地整治,实施耕地提质改造;通过耕地补改结合,既实现建设占用耕地占一补一、占优补优、占水田补水田,确保耕地占补平衡数量质量双到位,又确保工业化、城镇化用地需要,支持稳增长重点建设项目及时落地,为经济社会发展提供用地服务和保障。各类城市建设涉及占用耕地的,必须落实先补后占和直接补充优质耕地或水田要求，实现耕地占补平衡，充分发挥耕地占补平衡制度约束作用，倒逼城市挖潜利用存量土地、节约集约用地。

中央关于土地流转的文件精神及国土资源部等部委的配套实施办法和精神对于新疆兵团的土地流转政策的制定，具有宝贵的指导意义。

（二）制定完善兵团土地流转相关政策

新疆兵团目前土地流转的政策现状是，始终坚持以职工家庭承包经营为基础、统分结合的双层经营制度不动摇。团场既是一级行政单位，更是生产经营实体。按照市场原则进一步确立承包职工家庭的生产经营主体地位，充分发挥承包职工家庭的积极性和创造性。在此基础上，进一步确立团场的经营管理主体地位，充分发挥团场的积极性和创造性。团场全民所有制承包职工实行土地长期固定、生产自主经营、成本费用自理、负担只减不增，收益风险均沾，享受社会保障的政策。团场集体所有制承包农户实行土地长期固定，生产自主经营，成本费用自理，承包费适当上交、收益风险均沾，公益“一事一议”，享受“低保”待遇的政策。

目前而言，兵团土地政策供应相对短缺。随着兵团城镇化和工业化的发展，兵团加大调整经济结构和转移富余劳动力的力度，土地流转的程序、方式、对象和相关要求也会发生变化。兵团应尽快研究出台原则性的指导意见，各师根据自身实际，出台相应的实施细则，突出土地流转工作管理主体，明确土地流转的主体、方式、程序、合同文本、流转价格、收益分配和监管服务等内容和底线，培育土地流转市场，创新流转方式，健全流转机制，规范流转管理，强化流转服务，在充分保障流转双方权益的基础上，促进农地合理有序向新型农业规模经营主体集中。只有土地流转相关政策制定并完善，转出农业职工能实现转移就业，土地流转才会发生，适度规模经营才能实现。对转出土地到第二、三产业就业的职工，各师应统一制定政策和管理办法，给予充分的社会保障，实现“五保三费”和企业“五险一金”无缝对接，使其能同等享受职工待遇。鼓励不再以农业为主的职工转出土地。在兵团选取试点师，探索农地承包经营权“有偿退出、永久转让”制度，对长期在册不在岗，不能尽到义务的职工，鼓励其退出农业承包，上交定额地。对在城镇有稳定职业和居所的职工，在征得其本人同意前提下，鼓励其有偿退出其农地承包经营权。给予自主创业职工“五保三费”优惠政策。对流转土地上的林带和节水设施等地上附着物,要结合土地流转指导意见,统筹制定相关配套政策,做到既能确保土地顺利流转,还能保障地上附着物投资者的利益。加大对农地规模经营主体的资金扶持力度。目前兵团已具备了实行适度规模经营的经济社会条件,兵团各部门应统筹研究制定具体措施给予农地规模经营主体发展资金的支持。对土地规模经营主体集中连片整理土地,优化改良土壤的给予补贴,探索完善承包地的经营权抵押贷款制度,以有效应对规模经营主体季节性资金需求,形成支持规模经营主体的金融可持续发展机制。

(三)强化政府土地监管职能和效度

健康的农村土地流转机制应该是市场机制为基础,但是由于土地的社会保障等属性的存在使国家宏观调控和政府市场规制的作用不可或缺。应该是由市场起土地资源基本配置的决定性作用,但是政府仍旧要起到在市场出现失灵或者缺陷时候的弥补作用。即使是在完全的市场经济条件下,政府的这种弥补市场缺陷的作用在法学理论中也属于剩余权力,绝对不可让与或抛弃。资本的自身属性决定了一旦资本进入农村土地流转市场,极易带来农民失地和土地用途改变等负面后果。而农民失地带来的社会风险和土地用途改变带来的粮食安全风险都要求强化政府监管职能和效度以图防范。换言之,严厉和有效的政府土地监管职能的实现是构建现代农村土地流转市场机制防范可能社会风险的基础安全屏障。

土地管理是国家为维护土地制度,调整土地关系,合理组织土地利用所采取的行政、经济、法律和技术的综合措施。一般而言,国家把土地管理权授予政府及其土地行政主管部门。因此,土地管理也是政府及其土地行政主管部门依据法律和运用法定职权,对社会组织、单位和个人占有、使用、利用土地的过程或者行为所进行的组织和管理活动。根据《国务院办公厅关于印发国土资源部职能配置、内设机构和人员编制规定的通知》的规定,土地管理的职能主要是:拟定有关土地管理的法律法规,发布土地管理的规章;依照规定负责有关行政复议;研究拟定管理、保护与合理利用土地政策;制定土地管理的技术标准、规程、规范和办法;组织编制和实施国土规划、土地利用总体规划和其他专项规划;参与报国务院审批的城市总体规划的审核，指导、审核地方土地利用总体规划；监督检查各级国土主管部门行政执法和土地利用规划执行情况；依法保护土地所有者和使用者的合法权益，承办并组织调处重大权属纠纷，查处重大违法案件；拟定实施耕地特殊保护和鼓励耕地开发政策，实施农地用途管制，组织基本农田保护，指导未利用土地开发、土地整理、土地复垦和开发耕地的监督工作，确保耕地面积只能增加，不能减少；制定地籍管理办法，组织土地资源调查、地籍调查、土地统计和动态监测；指导土地确权、城乡地籍、土地定级和登记等工作；拟定并按规定组织实施土地使用权出让、租赁、作价出资、转让、交易和政府收购管理办法，制定国有土地划拨使用目录指南和乡（镇）村用地管理办法，指导农村集体非农土地使用权的流转管理；指导基准地价、标准地价评测，审定评估机构从事土地评估资格，确认土地使用权价格。承担报国务院审批的各类用地的审查、报批工作；组织开展土地资源的对外合作与交流。《中华人民共和国土地管理法》规定：县级以上人民政府土地行政主管部门对违反土地管理法律、法规的行为进行监督检查。土地管理监督检查人员应当熟悉土地管理法律、法规，忠于职守、秉公执法。有关单位和个人对县级以上人民政府土地行政主管部门就土地违法行为进行的监督检查应当支持与配合，并提供工作方便，不得拒绝与阻碍土地管理监督检查人员依法执行职务。这是政府部门实现土地流转监管的法律依据。

应当坚持最严格的耕地保护监管制度，严格限制农地的用途，切实保护基本农田。严禁借土地流转之名随意改变土地用途，违规搞非农建设。通过农地流转实现兵团农业规模经营是大势所趋，但在土地流转过程中，要引入土地流转审查制度和土地流转监管制度，对转入方的农业经营资质、农业生产经营能力、生产计划、农业风险防范措施等进行审查，尤其对工商企业、合作社法人流转农业用地要进行严格监管。对农地经营过程中不遵守兵团农业产业化、农业结构调整等行为，职工有权要求即刻终止土地流转协议，及时收回农地经营权，并根据实际情况索取补偿。

（四）以基于土地确权的市场机制取代计划体制内核

土地流转的市场化就是指城镇化用地和工业化用地都要通过土地市场购买，

按照正常的市场价格以市场化的方式取得。这要求减少政府规划用地，减少政府划拨用地，尽量多地减少非市场化用地。本课题组强烈建议农村集体土地可以入市，因为市场的强大作用能够自发起到减少建设用地和真正保护耕地的作用。

土地确权就是确定某一范围内的土地的所有权、使用权的隶属关系和他项权利的内容。每宗地的确权过程也很复杂，包括土地登记申请、地籍调查、核属审核、登记注册、颁发土地证书等。其中宅基地有国土部颁发的土地所有权证，承包地有农业部颁发的土地经营权证，林地有林业局颁发的林权证，农房有住建部门颁布的房产证。2014 年中央 1 号文件指出，“抓紧抓实农村土地承包经营权确权登记颁证工作，充分依靠农民群众自主协商解决工作中遇到的矛盾和问题，可以确权确地，也可以确权确股不确地，确权登记颁证工作经费纳入地方财政预算，中央财政给予补助。”自 2014 年中央“一号文件”颁布以来，农地确权成为农村土地改革的重点之一。在农地不允许买卖的情况下，农村大批劳动力外出打工，却没有城市定居的稳定预期，造成农地转租短期化，甚至直接撂荒，这样显然不利于耕地的保护，也无法提高耕地利用效率。只要政府在关系到农地转非的土地利用规划上严格依法，农地自由买卖也一般不会导致农地用途改变。反倒是目前地方工业用地低价出让模式下，地方政府随意扩张城市建设边界并大规模征地建设开发区，才是最浪费耕地的行为。如果政府的政策不仅允许农地自由买卖，而且允许农村建设用地自由买卖，甚至农地转非过程中可以在征收土地增值税或所得税基础上实现自由交易，那么地方政府零地价、负地价招商的情况就马上能够得到有效遏制。因此，在合理的土地利用规划基础上，让农村农地与建设用地市场充分发育，才是实现有效保护耕地的根本途径。

土地确权在实践中的最大问题就是成本问题。土地确权的成本，就承包地而言，其测量成本较低，主要成本在于权属界定所产生的人工成本；而对建设用地、宅基地来说，由于其测量要求更高的精度，技术成本较高。另外，在农民没有获得土地证之前，地方政府的征地拆迁补偿成本非常低，而一旦确权后，土地价格形成市场机制，地方政府会掏出更多的资金用于失地农民的补偿。使得地方政府的征地拆迁补偿成本较大增高。

推进农村土地确权有助于更好地保护农民权益,增加农民财产性收入。农村土地确权,有效地赋予了农民作为集体经济组织成员的应有权益,增强了农民自我保护能力和手段,避免了村集体代理人侵害农民权益的风险。农民在现有法律法规和深化改革红线框架下具有相当大的选择权,可以根据自身实际情况,自主决定直接经营或者流转或者转让相应权能,并从中获得收益。

推进农村土地确权有助于实现农业农村资源优化配置。在确权基础上,通过规范的农村产权流转交易市场和服务,市场机制在资源和要素配置中就能够发挥决定性作用,这样才能更好地确保土地流转集中实现规模经营是高效、有竞争力和生命力的。确权并赋予农业生产经营主体的不同权能,完善农村产权结构,为农村市场主体优化组合要素资源加快发展现代农业和融合发展农村一二三产业创造了条件。经营权等可抵押贷款在一定程度上解决了农村市场主体发展资金瓶颈制约。确权颁证后,农村土地承包关系更加稳固,农民可以有效避免自身权益被侵害。直接从事农业生产的农民,可以更加大胆地长期投资土地,增强发展后劲,实现集约发展。希望发展的农民可以成长为新型职业农民,流转土地发展适度规模经营,成为专业大户或者家庭农场,新型主体权益可以得到有效保护,增加家庭经营收入。小规模土地的农民可以参加大田托管,省去了直接劳作的辛苦,既降低了农业风险,又分享了现代农业的高收益。确权颁证后,不直接从事农业生产的农民可以更加放心顺畅地流转承包地,并获得合理的租金收益,或者分配到股份收益。务工经商的农民选择进城,权益有保障,成为市民而放弃农村集体成员权益可以获得合理的经济补偿。此外,农民可以将赋予的相关权能用于抵押贷款,降低贷款难度和贷款成本。

土地流转的市场化当然要以土地确权为基础。建立农村土地市场化流转机制,首先要构建流转顺畅的资源要素市场交易体系,村级要设立流转服务站点,及时有效收集流转供求基础信息;乡镇要设立流转中心,直接组织流转交易或者汇集相关信息;县市要设立有形的流转交易场所和服务体系,确保流转交易公开公正和流转程序规范、流转市场运行高效。其次要增强流转市场交易和服务功能,建立健全信息发布、政策咨询、合同备案、价格评估、纠纷仲裁等服务机制。

基于我国国情,农村土地流转的权利基础将是承包经营权而不是所有权。但是就农业现代化和农业规模经营的需求而言,能够实现承包经营权的市场流转就已经足够。农业规模经营首先需要实现农村人口的城镇化,城镇化后生活稳定的原农村人口就可以通过市场化的土地流转机制转出土地承包经营权,还可以流转宅基地。而流转出的土地正好一部分用于补充城镇化用地需要,另一部分用于实现农业规模经营。依靠市场化实现的农业经营规模才能保证耕地与真正耕者的最近距离,避免寄生阶层利用职权或者资本吃土地差价,才是真正稳定和低风险的规模经营。

换言之,必须完善以土地确权为基础的土地流转健康市场机制,以市场化的方式完成人口城镇化和城镇化用地和农业规模经营三者的良性循环。

(五)构建结构性的农地流转风险预警机制

土地流转是当今中国农村发展大势所趋,但是因为土地与农民利益紧密相关,稍有不慎极容易造成大规模群体事件,影响到农村社会稳定。要将土地流转的各种风险因素降到最低,就必须建立农地流转风险预警机制。

风险管理的本质是对未来不确定性的管理,风险预警就是对可能出现的不确定的不利后果预先进行预测、分析和评价,预先提示土地流转主体防范可能市场风险,并及时实现政府的良性市场规制干预。

构建结构性的农地流转风险预警机制首先是要规范引导农村土地经营权有序流转。常用的有以下主要措施:

明晰农村集体土地所有权,稳定农户承包权,放活农村土地经营权。以家庭承包经营为基础,推进家庭经营、集体经营、合作经营、企业经营等多种经营方式共同发展。坚持依法、自愿、有偿。农村土地经营权流转要以农民为主体,依法依规进行,不得违背承包农户意愿、不得损害农民权益、不得擅自改变土地用途,不得破坏农业综合生产能力和农业生态环境。坚持市场主导,政府引导。积极培育和完善农村土地流转市场,充分发挥市场在资源配置中的决定性作用。强化政府的服务监管和政策激励,充分发挥其引导和调控作用。坚持规模适度、农地农用。农业适度规模经营发展要与城镇化进程和农村劳动力转移规模相适应,与农业科技进步和生产手段改进程度相适应,与农业社会化服务水平相适应,确保农地农用。

切实规范土地流转行为。鼓励承包农户依法采取转包、出租、互换、转让、入股等方式流转承包地。引导农户长期流转承包地并促进其转移就业。鼓励农民在自愿前提下采取互换并地方式解决承包地细碎化问题。在同等条件下,本集体经济组织成员享有土地流转优先权。以转让方式流转承包地的,应当在本集体经济组织成员之间进行,且须经发包方同意。以其他形式流转的,应当依法报发包方备案。稳步推进土地经营权抵押、担保工作,并制定严格规范的实施办法,探索建立抵押资产处置机制。由承包农户自主决定土地是否流转、流转价格及流转形式,流转收益应当归承包农户所有。流转期限由流转双方在法律规定的范围内协商确定。受让方将转包、租赁的土地进行再流转,必须取得原承包方的同意,并签订书面协议。未经农户书面委托,农村基层组织不得以任何方式代替农户流转土地。严禁以少数服从多数的名义,将整村整组农户承包地集中对外招商经营。防止少数基层干部私相授受、谋取私利。严禁通过定任务、下指标或者将流转面积、流转比例纳入绩效考核等方式推动土地流转。

加强土地流转管理和服务。合理引导土地流转价格,积极支持农村土地向新型农业经营主体流转。各区要依托农村经营管理部门,完善农村产权交易市场体系,建立土地流转监测制度,为流转双方提供信息发布、政策咨询、签约指导等服务。引导承包农户与流入方签订书面流转合同。禁止土地流转服务主体将土地经营权层层转包从中牟利。加强仲裁基础设施建设,改善仲裁机构办案条件,充实工作队伍,保障工作经费,妥善化解土地承包经营纠纷。

合理确定土地经营规模。防止脱离实际、违背农民意愿,片面追求超大规模经营的倾向。创新规模经营方式,在引导土地资源适度集聚的同时,通过农民的合作与联合、开展社会化服务等多种形式,不断提升农业规模化经营水平。引导设施农业健康发展。要根据农业发展规划和土地利用总体规划,在保护耕地、合理利用土地的前提下,积极引导设施农业发展。要严格把握设施农用地范围,合理控制设施农业附属设施用地规模,引导设施农业合理选址,规范设施农用地审核。农业生产设施占用耕地的,按农用地管理,生产结束后,由经营者负责土地复垦,不计入耕地减少考核;防止以发展设施农业为名,擅自将农用地改为建设用地。

建立受让方资格准入审查制度。各区要根据实际情况,建立受让方资格准入审查制度,由区、街道(乡镇)农村经营管理部门对流转受让方的资信情况、经营能力、履约能力以及拟经营的项目情况进行审查。对不合格的企业和单位,在农村土地流转中不予鉴证。建立农村土地流转分级备案制度,对一次性流转超过一定面积的项目,在审查通过的前提下,须向上级农村经营管理部门备案。上级农村经营管理部门要及时掌握全辖区农村土地流转工作动态。

加强土地流转用途管制。坚持最严格的耕地保护制度和土地用途管制措施,切实保护基本农田,确保耕地用途不改变。严禁借土地流转之名违规搞非农建设。严禁在流转农村土地上建设或变相建设旅游度假村、高尔夫球场、别墅、私人会所及从事房地产开发等。严禁占用基本农田挖塘、栽树及其他毁坏种植条件的行为。严禁破坏、污染、圈占闲置耕地和损毁农田基础设施。坚决查处通过"以租代征"违法违规进行非农建设的行为,坚决禁止擅自将耕地"非农化"。利用规划和标准引导设施农业发展,强化设施农用地的用途监管。对将耕地撂荒2年以上的承包农户或者其他经营主体,停发粮食直接补贴、良种补贴、农资综合补贴。对不符合产业规划和空间布局规划的经营行为,不再给予农业生产扶持。

建立土地流转风险保证金制度。对本辖区范围内流转农村土地的工商企业、非农业个体经营者和民间投资机构等经营主体(种养大户、专业合作社、家庭农场等以农民为主体的经营业主除外)收取土地流转风险保证金,原则上按所流转土地年租金总额的1~3倍收取。风险保证金主要用于防范土地流转风险、未经批准擅自改变用途或者破坏耕地等行为发生。

建立动态监测管理制度。各级农村经营管理部门要按照"转一宗、录一宗"的要求,逐一将流转项目录入电子档案登记备案。对同一受让方流转土地总面积达到500亩以上(含500亩)、且土地流转期限达到5年以上(含5年)的流转项目,要纳入重点监管范围。对土地流转合同履约情况实行动态监管,建立风险预警机制。受让方在土地流转期限内必须每年接受农村经营管理部门检查，对发现违反合同条款情况的，责令其限期整改。对弄虚作假或拒不接受检查的经营单位实行"黑名单管理"制度，取消其享受政府农业扶持项目和财政补贴政策资格。对未经审批擅自改变土地用途的，要加大处罚力度。对无法继续经营的，由区、街道（乡、镇）农村经营管理部门核实后，协调流入方与农户解除土地流转合同。加强对已流转农村土地的清理规范。各区要对已流转的农村土地开展清理工作，对流转手续不完备、程序不合规的，必须按要求进行规范，重新签订流转合同。对流入方擅自违章乱建的，要坚决予以制止和纠正。对清理中发现的违纪违法行为，要严肃追究相关人员责任。

构建科学的农地流转风险预警机制，需要基于土地风险要素的结构性评价和预测，"土地风险要素构成的结构性特征，也就是说土地流转风险外部因素复杂交集，如制度、经济、政治、社会、自然等风险因素，内部要素多变如多元主体的利益目标冲突、失信、违德等，导致土地流转风险的内外要素形成了一种结构性关系"。基于结构性风险识别、评价而产生的结论，是是否需要发布预警和需要发布预警级别的重要科学依据。具体可以利用政府市场监测结合智库意见，对土地流转后的履约状况和生产经营进行行政备案和行政指导，对容易产生纠纷的部分提前预防和解决，通过农地流转风险预警机制将土地流转风险提前化解。

（六）构建农地规模经营者及经营方式准入机制

农业对于我国的国民经济发展的重要作用毋庸讳言，在规模经营形成趋势的新背景下，对于规模经营者的主体资格和规模经营方式，均要立法设立准入。

农地规模经营，就是把一定数量的土地集中经营，充分发挥各生产要素的能力，提高土地产出率、劳动生产率和农产品商品率，降低生产成本，提高经济效益的一种经营方式。农地规模经营是发展市场经济的客观要求。如何解决千家万户的分散的小生产与千变万化的统一的大市场之间的矛盾，是发展农业面临的一个突出的问题。在市场经济条件下，千家万户的小生产者，由于经营规模的限制，产品数量少而单一，决定了他们有足够的热情去关注市场、研究市场，也有足够的能力有效地开拓市场、占领市场。农地规模经营，必然带来单位农户生产产品数量的增加,这就要求经营者必须按照市场需求,调整种植结构,提高产品质量,种植效益可观的产品。这对于加速农业和农村经济市场化进程将起到十分重要的推动作用。农地规模经营是转变农业增长方式的重要途径。农业的比较效益低,影响了农民的生产积极性。解决这个问题,要靠国家政策的调节,但更重要更现实的是转变农业的增长方式,从粗放经营转向集约经营。土地的规模经营是农业集约经营的基础。一般来说,小规模经营收入少,经营者增加物质技术投入的积极性较低,而较大规模的经营,商品生产的程度较高,收入多,经营者有积极性增加投入,提高土地产出率。我国耕地后备资源不足,不可能完全依靠扩大种植面积来增加农产品的有效供给,土地规模经营是发展集约经营、转变农业增长方式的重要手段。

2013 年中央 1 号文件提出,鼓励和支持承包土地向专业大户、家庭农场、农民合作社流转,发展多种形式的适度规模经营。同时提出,鼓励和引导城市工商资本到农村发展适合企业化经营的种养业。"家庭农场"概念首次在 1 号文件出现。这是以家庭成员为主要劳动力,从事农业规模化、集约化、商品化生产经营,并以农业收入为家庭主要收入来源的新型农业经营主体。家庭经营在农业中具有更好的适应性,是农业生产中最适宜的经营模式,不仅适应以手工业劳动为主的传统农业,也能适应采用先进科学技术和生产手段的现代农业,这是农业与工商业的区别。传统农业向现代农业转变中,如何既能使分散的小农家庭经营模式实现规模经济,又确保小规模经营农户不受剥夺;何种农业经营制度和模式既能增加务农劳动者收入,又能确保粮食安全;如何看待工商资本进入农业。这些是几乎所有发展中国家发展现代化农业所必须探索的问题。

此前,对工商企业下乡直接租赁农地的经营行为,中央一贯态度谨慎,曾在 2001 年中央 18 号文件《中共中央关于做好农户承包地使用权流转工作的通知》中指出,"为稳定农业,稳定农村,中央不提倡工商企业长时间、大面积租赁和经营农户承包地"。这样的政策主要是担忧工商资本进入农业后出现农地非粮化倾向,农地向二、三产业延伸的非农化倾向;地方政府在土地流转中表现出规模偏好倾向,导致违背部分农民意愿的土地承包经营权被强制性流转。主要害处是土地用途变性,将农地转变为非农用途。

如何界定工商资本进入农村是去发展适合企业化经营的种养业,如何防止借下乡搞农业名义将农地变作他用,须对工商资本进入农业进行严格的评审、准入和监管制度,同时完善社会保障体系,确保农村发展成果切实被农民享受。需要将公司行为纳入制度化轨道,探索建立中国特色的农业生产法人制度。工商资本下乡,是带动、不是代替农民发展现代农业;引进龙头企业,是进入农户家庭及合作社无法承担的关键环节和产业发展的薄弱环节。确保以农民为主体推进现代农业发展,特别不能以财政资金、优惠政策去引进对农民只有竞争排斥、没有带动效果的企业。

解决之道就是规模经营者的主体资格建议采取认证制度。对于规模经营者的资本实力、生产工具数量与土地规模匹配度、职业经理人数量、农业技师数量进行考核认证。必要时对于规模经营者的信用水平也要进行评估,适格的规模经营者是构建农村土地流转风险防范机制主体基础。

规模经营方式则需要区分许可,较大规模的基于土地流转产生的规模经营方式一般需要采用股份合作制,这是能够保留农村土地的社会保障功能的较优方式。较小规模的规模经营方式则可以由市场自发调节,减少政府干预。

构建农地规模经营者及经营方式准入机制,可以与农地流转市场的配套金融体系、配套中介体系同步建设,金融系统和中介系统的评估,也可以作为政府对规模经营者的主体资格认证的重要参考依据。

(七)构建多层面的土地拟制价格

要进入游戏,必须遵守规则;要进入市场,必须先有价格。土地价格可以由市场自发形成,但是完全市场价格并不符合我国国情。在我国由于实行政府管制,事实上大行其道的是政府土地公司的垄断定价。基于此,课题组建议采用折中方法,即为实现土地流转市场化而构建多层面的土地拟制价格。

土地价格是土地经济作用的反映,也叫地价,是土地权利和预期收益的购买价格,即地租的资本化。我国的地价是以土地使用权出让、转让为前提,一次性支付的多年地租的现值总和,是土地所有权在经济上的实现形式。但是,土地如何定价是一个相对困难的问题。

首先,土地作为一种实物资产,交易频率很低,其流动性远不及金融资产。其次,土地交易成本很高,往往需要在前期进行考察、评估,中期又需要投标、融资,交易之后还要交割、付税,导致其实际成本不那么公开透明。这两条原因,往往导致没有现成的二手交易市场可直接找到最具代表性的土地价格。此外,土地的同质性也不及其他实物资产,如黄金、白银等贵金属,或原油、煤矿、铜等工业原料。紧邻的两块地,其价格可能因规划用途或学区差异相差甚远,这使得以土地为标的物的大宗商品期货交易也难以进行。不过,土地的科学定价并非无迹可循,就耕地而言,一般采用边际农业价值定价法。

所谓边际农业价值,就是指这片土地上所有的未来净农业产出的折现值。在城乡结合部,如果土地是可以自由买卖的,那么根据经济学原理,土地的商业价值应该大致等于其农业价值,否则城市就会持续扩张,直到其边际商业价值等于边际农业价值。如果农业产出相对稳定,那这些土地的价值就基本由农产品价格决定。据报道,美国中西部内布拉斯加州的农业用地,在全美的房地产大萧条中上涨了30%,其主要原因就是大豆的现价比历史平均价上涨了40%,而玉米价格几乎翻倍。

在当前的中国,对土地进行科学、准确的估值定价,意义重大。中国城乡之间区别实行土地国有制和集体所有制,人为割裂了土地的实际用途,造成了城市建设用地和农用土地之间的巨大价值差异和混沌。不准确的定价、不公开的交易,往往造成大批农民的合法权益受到侵害,而地方官员却中饱私囊,与之关系紧密的开发商从中攫取暴利。这不但无益于资金的合理分配,也造成了社会的不稳定。同时,建立合理的土地估值制度,也有助于地方政府把土地推向市场。完全由竞标决定的土地价格,如同所有的拍卖一样,体现的是对其估值最高的买主的估价,也往往是一个过分乐观的估价。土地,如同劳动力、资金一样,最好都由市场来决定其价格,配置其使用,提高其效率。同时辅之经济学的方法对其进行科学的定价,可以对市场价格进行有益的补充和指导,缓解价格的大幅波动,以促进经济和社会的稳定。中国土地使用制度是在坚持社会主义土地公有制的前提下,实行土地所有权与使用权的两权分离。因而,中国所研究的土地价格主要是土地使用权的价格,是以土地使用权出让、转让为前提,土地使用者取得土地使用权和相应年期内土地收益的购买价格。因此,中国土地价格的含义不同于一般土地私有制国家:第一,它是取得一定年期土地使用权时支付的代价,而不是土地所有权的价格。第二,土地使用权价格是一定年限的地租收入资本化,土地所有权价格是无限期的地租收入资本化。从理论上讲,土地使用权价格低于土地所有权价格;土地使用权年限长的,其价格要高于土地使用权年限短的。第三,由于土地使用年期较长,按法律规定,最长可达70年,而且在使用期间也有转让、出租、抵押等权利,又类似于所有权。所以,地价评估原理、程序与方法上又类似于私有制国家。

课题组认为,可以采用政府定价、市场定价和合同约定价格三个层面的土地价格并行的土地市场运行方式。政府定价,这实际上是偏离市价的拟制价格,其与市场价的差额就是土地出让金,是现行各地方政府的重要财源,一时难以偏废。市场定价,这是理想化的价格,相对更真实,但只能逐步在有条件的地方实行。合同约定价格则是民间私人主体之间流转土地的重要价格。

根据我国现行法律,土地承包经营权一般不能被法院执行。只要在土地入股或者抵押合同中约定价格,这个障碍性的法律缺陷即可得到极大弥补。

(八)制定特别强制性规范保障农民权益

促进农村土地流转需要城镇化进程加快和农民权益保障并行。城镇化问题限于本书主题,不复赘述。但农民权益保障问题,确实是影响农村土地流转效率的重要指数。特别是资本下乡推动土地流转后,农民失去了土地使用权,随之失去的还有土地的社会保障功能,带来如基本生活保障、养老、医疗等系列后续问题,虽然通过支付租金有所补偿,甚至通过雇用农民拓宽其增收渠道,增加了工资性收入,但不可能覆盖全部农民,必然会对一些农民形成挤出效应。

《中华人民共和国农村土地承包法》是为稳定和完善以家庭承包经营为基础、统分结合的双层经营体制,赋予农民长期而有保障的土地使用权,维护农村土地承包当事人的合法权益,促进农业、农村经济发展和农村社会稳定,根据宪法,制定的法规。其中对于土地流转中的农民权益保障,有具体的规定。通过家庭承包取得的土地承包经营权可以依法采取转包、出租、互换、转让或者其他方式流转。土地承包经营权采取互换、转让方式流转,当事人要求登记的,应当向县级以上地方人民政府申请登记。未经登记,不得对抗善意第三人。承包方可以在一定期限内将部分或者全部土地承包经营权转包或者出租给第三方,承包方与发包方的承包关系不变。承包方将土地交由他人代耕不超过一年的,可以不签订书面合同。承包方之间为方便耕种或者各自需要,可以对属于同一集体经济组织的土地的土地承包经营权进行互换。承包方有稳定的非农职业或者有稳定的收入来源的,经发包方同意,可以将全部或者部分土地承包经营权转让给其他从事农业生产经营的农户,由该农户同发包方确立新的承包关系,原承包方与发包方在该土地上的承包关系即行终止。承包方之间为发展农业经济,可以自愿联合将土地承包经营权入股,从事农业合作生产。承包方对其在承包地上投入而提高土地生产能力的,土地承包经营权依法流转时有权获得相应的补偿。

土地流转中保障农民权益首先要提高农民的法律意识。既然属于物权性质的土地承包经营权的权利人是农户,那么农户就有权去支配这项权利,并有权同任何非法干涉其权利的不法行为作斗争。所以,要避免农民的权利受到损害,以及当农民权利受到损害的时候,确保农民能够运用法律维护自己的权利,就必须提高农民的法律意识。目前,我国不是缺少保护农民的法律,而是缺少对法律的贯彻和执行。要通过各种适合农民特点的普法活动,提高农民的法律知识,教会他们在自身权益受到侵害时,能运用法律的武器维护自身的权益。

土地流转中保障农民权益,其次要建立土地承包经营权流转监督机制。由于我国目前土地流转中存在着很多模糊且缺乏操作性的法律规范,为避免农村土地流转中产生损害农民权益的不法行为,应当建立相应的机构来统一集中管理和监督土地承包经营权流转事务,解决基层组织的官本位意识,消弭基层组织随意干涉农民土地流转合同的正常履行的行为,从而保障农民流转土地承包经营权的独立权利。

土地流转中保障农民权益还要放宽法律中有关土地承包经营权转让的规定。依法、自愿、有偿是我国土地流转相关的法律明确规定的基本原则。然而,另一方面，农村土地承包法规定，土地承包经营流转的主体虽然是承包者，但是采取转让方式流转的，应当经发包方的同意。这种须经发包方同意的方式，完全是把土地承包经营权作为普通债权来看待，与物权法定位的用益物权相违背。在实际的农村土地流转中，作为集体经济组织的"代表"——村干部，联合乡镇政府左右农民意愿，强势逼迫农民流转土地或是对农民的土地流转做出种种限制的现象，比比皆是。因此，尊重农民的意愿，保护农民的权利，允许农民自主地决定自家的承包地，才是推动农村经济发展的最好选择。保障农村土地流转中农民的物权，应当在遵循物权法、农村土地承包法和《农村土地承包经营权流转管理办法》等法律法规的前提下，明确农村集体经济组织的权限，严格规范地方行政权力，避免基层组织的强制介入。

综上所述，土地流转中保障农民权益要提高农民的法律意识，增强法制观念，使他们能够运用法律的武器维护自身的合法权益。"在影响农村土地流转的相关变量中，农户的文化水平的高低，从事职业的类别，非农技能的强弱，商业保险保障方式，土地流转权及土地调整周期，同农村土地流转正相关。也就是说文化水平越高，越有可能从事非农产业；具备非农技能，从事非农产业的概率就越大，农户就越愿意参与农村土地流转；而农村土地流转与家庭养老保障方式负相关，表明从事传统农业生产的农户流转农村土地的意愿极低，希望保持农村土地耕种的稳定性，为他们提供养老保障。"由于在农村土地流转中面对政府和资本时农民的天然弱势地位，为保障土地流转中农民权益，亟须制定农民权益保障的特别强制性规范。首先，土地征用所得应当强制性规定一定比例用于失地农民的就业、养老和医疗保险，虽然全国推广一步到位有困难，但是也应当从现在起逐步实现。其次，在农业规模经营形成后，对转出土地的小农，应当规定强制性保护规范，如使用国家统一条款的格式合同；地租以农产品实物支付等；对转入土地的大农，则宜实行"社会责任与土地强制捆绑"，即保障农民权益的社会义务，不容舍弃。

（九）以土地流转法治化促进现代农业产业化

近来研究土地问题的学者很多，著述颇丰。研究的目的都是为了打破枷锁，冲破束缚。其中较典型的著述，社会学角度的研究有学者赵金龙等在著述中所持有的观点,通过介绍我国农村的土地管理制度,对我国农村集体建设用地的流转问题、农村土地他项权制度、产权登记制度等进行研究。还涉及农地承包经营权流转中出现的问题,并且提出了一定的解决措施思路。同类研究还有政治学角度的研究,如学者陆道平等在由教育部人文社科规划立项基金项目资助的研究中,运用政治学中的“国家与公民关系、公民参与理论、权力监督以及利益表达等来研究分析农民与地方政府之间在土地流转中的互动及我国土地流转中的农民土地权益保障”问题。完成农村土地流转中农民与地方政府互动机制研究。通过对具有代表性地区个别省区的实证调查的基础之上,探讨这种互动机制中存在的问题,从农民与地方政府互动的视角进行深入剖析,并提出了一定的有针对性的体制机制建设方面的建议和对策。较深入的研究内容有国家与农民关系的研究、集体与农民关系的研究、农民土地权利与国家权威、土地流转与地方政府和农民关系的转型、土地流转中地方政府与农民关系的理论分析等。还有经济学管理学角度的研究,该类研究一般是运用文献整理与实地调研、规范分析与实证分析相结合的方法对不同农村土地流转模式的绩效等进行比较。现存研究已经较为翔实丰满,著述也已经汗牛充栋,从理论到对策都很充分深入。但是,对于土地流转法治化与现代农业产业化互动关系的研究,还较少涉及。

现代农业产业化的研究一般偏重于经济学研究,主要是现代农业产业化中的金融、保险、组织模式、绩效等的研究。也有少量基于企业社会责任的社会学研究或者经济法学研究。偶见政治学角度的研究即现代农业产业化与政府责任的关系的研究。近来研究现代农业产业化的理论著作也很丰富。典型的有学者雷玉明所著的《城乡统筹的经济动因——农业产业化利益机制新论》中所持有的理论论述。该文系统梳理了农业产业化经营中龙头企业与农户利益联结机制形成的各种理论,力图建立有关龙头企业与农户利益联结机制的系统理论。以中部地区为代表的湖北省的龙头企业及农户的调查研究资料为依据,总结借鉴河南省、山东省的一些农业产业化利益联结机制的经验,提出了农业产业化利益联结机制创新的思路与重点。实证分析“农民收入水平、经营的规模化、商品化程度、专用设备投入程度、农户的文化程度、农产品类型、农产品价格的波动和农业公共政策等影响利益联结机制形成的各种因素”等诸多因素的影响，对各种利益联结机制进行了评价和分析。本领域还有一些创新观点，一般是依据一定的金融理论，通过农业产业化不同的阶段对融资体系的需求，提出一些分析与对策。

土地流转法治化与现代农业产业化互动关系的最优结果和最终目标都是实现现代农业产业化利益联结机制的构建。限于主题，本书不再过多牵扯土地流转法治化与现代农业产业化互动关系的背后机理，只是提出实现现代农业产业化利益联结机制的构想和建议。

完善现代农业产业化利益联结机制的建议——基于农户层面的建议。

课题组认为，现代农业产业化利益联结机制设立的根本目的，是扩大一线农业生产规模，减低交易费用，并通过使农户分享农产品深加工等流转环节产生的附加值，来降低农户务农风险，保证农户获得平均利润，从而自根本上保护农户利益，提高农户务农积极性，增加各省区乃至国家的农业产量和质量。因此，完善现代农业产业化利益联结机制，必须坚持以农户利益和种地积极性为本的理念。设计现代农业产业化利益联结机制，必须假设农民都是自私的，农民都会因追逐自利而践约和违约。也必须假设农民“都是文化素质低、信息闭塞的，农民在农业生产决策时，容易盲从和盲动”。只有基于这样的假设，所设计的兵团农业产业化利益联结机制才能根本实现以农户利益为本。基于上述假设，作者提出完善现代农业产业化利益联结机制建议如下：由政府统一农产品购销合同或订单的文本格式和内容。这样设立的优点主要有：政府可以把宏观调控内容直接加入政府统一合同文本，使政府意图在一线直接得到贯彻；农户纯因合同知识欠缺而导致的生产风险被大大减低，能够减少纠纷，降低成本；建立农产品生产成本、收购价格和加工后价格的动态联动。确保产销双方互惠互利、共同发展，使农户与农业产业化企业成为利益共同体。拓宽“农户融资途径及涉农保险业务，改善农村金融服务，鼓励农村信用社、农业银行和农业发展银行等机构向农户贷款”。同时也可以鼓励农户积极发展股份制或者股份合作制企业，以便于直接获取农业发展的资金。

完善现代农业产业化利益联结机制的建议——基于企业层面的建议。

课题组认为：在利益联结机制中，龙头企业除实现自身利益，还需承担社会义务职能,即通过允许农户分享部分附加值的方式,带动农户农业生产的可持续的积极性,这也使龙头企业产生一定风险和负担。因此兵团政府也应对兵团龙头企业的利益给予更多维护,以最终实现共赢。基于上述原因,我们提出完善现代农业产业化利益联结机制建议如下:增加提高龙头企业竞争力的因素,给钱给政策,"建立股份公司型龙头企业,再由股份公司型龙头企业通过股权联结形式带动农民股份合作组织及农户进行生产,龙头企业的附加值返利应当返于直接生产的劳动者"。解决上述问题的关键是,必须切断至少是大幅降低农村土地散户的土地转包转租的收益。避免持有较多土地的散户随意转租自己所承包土地,不需要劳动而轻易得到地租等收益。这种收益也会随市场运行渐高甚至畸高,最终使直接从事农业生产的劳动者严重受损。这与现代农业利益联结机制的构建目的背道而驰,并最终会使我国现代农业利益联结机制失败。因此政府应当规定:农地散户的土地转包转租一律由政府代行。即土地散户不愿或无力种植分配或承包土地时,应交回村委会或者集体,由集体统一另行转包转租,只有这样才能减少前述的不劳而获的中间环节。使龙头企业的附加值返利最终完全返于直接生产的劳动者,实现兵团龙头企业与集体土地上直接从事农业生产的劳动者的直接利益联结。这也会是我国现代农业产业化蓝图实现的基础。

参考文献

1. 刘战伟．土地流转视角下的河南省农村养老保障体系研究[J]．改革与战略,2017(01).

2. 宋宜农．新型城镇化背景下我国农村土地流转问题研究[J]．经济问题,2017(02).

3. 陈杰,苏群．土地流转、土地生产率与规模经营[J]．农业技术经济,2017(01).

4. 付江涛,纪月清,胡浩．新一轮承包地确权登记颁证是否促进了农户的土地流转——来自江苏省3县(市、区)的经验证据[J]．南京农业大学学报(社会科学版),2016(01).

5. 牛星,李玲．农村承包经营土地流转的农户意愿及影响因素分析——基于山东省西龙湾村的调查研究[J]．资源开发与市场,2016(01).

6. 徐美银．农民工市民化与农村土地流转的互动关系研究[J]．社会科学,2016(01).

7. 郝丽丽,吴箐,王昭,王伟．基于产权视角的快速城镇化地区农村土地流转模式及其效益研究——以湖北省熊口镇为例[J]．地理科学进展,2015(01).

8. 陈浩天．农户土地流转需求意愿的假设证伪与模型建构——基于全国20省236村2998个农户的实证调查[J]．干旱区资源与环境,2015(10).

9. 卢泽羽,陈晓萍．中国农村土地流转现状、问题及对策[J]．新疆师范大学学报(哲学社会科学版),2015(04).

10. 陈园园,安详生,凌日萍. 土地流转对农民生产效率的影响分析——以晋西北地区为例[J]. 干旱区资源与环境,2015(03).

11. 徐卫. 土地承包经营权集合信托模式的构建逻辑与制度设计——契合土地流转目标的一种路径[J]. 暨南学报(哲学社会科学版),2015(02).

12. 张忠明,钱文荣. 不同兼业程度下的农户土地流转意愿研究——基于浙江的调查与实证[J]. 农业经济问题,2014(03).

13. 李勇,杨卫忠. 农村土地流转制度创新参与主体行为研究[J]. 农业经济问题,2014(02).

14. 黄祖辉,王建英,陈志钢. 非农就业、土地流转与土地细碎化对稻农技术效率的影响[J]. 中国农村经济,2014(11).

15. 陈海磊,史清华,顾海英. 农户土地流转是有效率的吗? ——以山西为例[J]. 中国农村经济,2014(07).

16. 孙翱翔,刘远风. 当前农村土地流转热的理性思考[J]. 农业现代化研究,2014(01).

17. 钟晓兰,李江涛,冯艳芬,李景刚,刘吼海. 农户认知视角下广东省农村土地流转意愿与流转行为研究[J]. 资源科学,2013(10).

18. 刘莉君. 农村土地流转的国内外研究综述[J]. 湖南科技大学学报(社会科学版),2013(01).

19. 闫小欢,霍学喜. 农民就业、农村社会保障和土地流转——基于河南省479个农户调查的分析[J]. 农业技术经济,2013(07).

20. 李中. 农村土地流转与农民收入——基于湖南邵阳市跟踪调研数据的研究[J]. 经济地理,2013(05).

21. 韩松. 新农村建设中土地流转的现实问题及其对策[J]. 中国法学,2012(01).

22. 刘卫柏,陈柳钦,李中. 农村土地流转问题新思索 [J]. 理论探索,2012(02).

23. 孙玉娜,李录堂,薛继亮. 农村劳动力流动、农业发展和中国土地流转[J]. 干旱区资源与环境,2012(01).

24. 江淑斌,苏群. 农村劳动力非农就业与土地流转——基于动力视角的研究 [J]. 经济经纬,2012(02).

25. 黄延信,张海阳,李伟毅,刘强. 农村土地流转状况调查与思考[J]. 农业经济问题,2011(05).

26. 许恒周,郭忠兴. 农村土地流转影响因素的理论与实证研究——基于农民阶层分化与产权偏好的视角[J]. 中国人口、资源与环境,2011(03).

27. 王春超. 农村土地流转、劳动力资源配置与农民收入增长:基于中国17省份农户调查的实证研究 [J]. 农业技术经济,2011(01).

28. 刘卫柏,李中. 新时期农村土地流转模式的运行绩效与对策 [J]. 经济地理,2011(02).

29. 许恒周,郭忠兴,郭玉燕. 农民职业分化、养老保障与农村土地流转——基于南京市372份农户问卷调查的实证研究 [J]. 农业技术经济,2011(01).

30. 乐章. 农民土地流转意愿及解释——基于十省份千户农民调查数据的实证分析[J]. 农业经济问题,2010(02).

31. 张曙光. 土地流转与农业现代化[J]. 管理世界,2010(07).

32. 包宗顺,徐志明,高珊,周春芳. 农村土地流转的区域差异与影响因素——以江苏省为例[J],中国农村经济,2009(04).

33. 董国礼,李里,任纪萍. 产权代理分析下的土地流转模式及经济绩效[J]. 社会学研究,2009(01).

34. 谷树忠,王兴杰,鲁金萍,王亦宁,张新华. 农村土地流转模式及其效应与创新 [J]. 中国农业资源与区划,2009(01).

35. 史志强. 国外土地流转制度的比较和借鉴[J]. 东南学术,2009(02).

36. 黄祖辉,王朋. 农村土地流转:现状、问题及对策——兼论土地流转对现代农业发展的影响 [J]. 浙江大学学报(人文社会科学版),2008(02).

37. 刘涛,曲福田,金晶,石晓平. 土地细碎化、土地流转对农户土地利用效率的影响［J］. 资源科学,2008(10).

38. 钟涨宝,狄金华. 农村土地流转与农村社会保障体系的完善［J］. 江苏社会科学,2008(01).

39. 孙瑞玲. 农村土地流转机制的创新研究——在农村土地流转现状调查基础上的思考［J］. 农业经济,2008(02).

40. 曹建华,王红英,黄小梅. 农村土地流转的供求意愿及其流转效率的评价研究［J］,中国土地科学,2007(05).

41. 蒋满元. 农村土地流转的障碍因素及其解决途径探析［J］. 农村经济,2007(03).

42. 叶剑平,蒋妍,丰雷. 中国农村土地流转市场的调查研究——基于2005年17省调查的分析和建议［J］. 中国农村观察,2006(04).

43. 陈卫平,郭定文. 农户承包土地流转问题探讨［J］. 经济问题探索,2006(01).

44. 杨德才. 论我国农村土地流转模式及其选择［J］. 当代经济研究,2005(12).

45. 钟涨宝,狄金华. 中介组织在土地流转中的地位与作用［J］. 农村经济,2005(03).

46. 陈曜,罗进华. 对中国农村土地流转缓慢原因的研究［J］. 上海经济研究,2004(06).

47. 俞海,黄季焜,Scott Rozelle; Loren Brandt,张林秀. 地权稳定性、土地流转与农地资源持续利用［J］. 经济研究,2003(09).

48. 贺振华. 农村土地流转的效率:现实与理论［J］. 上海经济研究,2003(03).

49. 贺振华. 农村土地流转的效率分析［J］. 改革,2003(04).

50. 张照新. 中国农村土地流转市场发展及其方式［J］. 中国农村经济,2002(02).

51. 马晓河,崔红志. 建立土地流转制度,促进区域农业生产规模化经营［J］.

管理世界,2002(11).

52. 浙江大学农业现代化与农村发展研究中心、浙江省农业厅联合调查组.农村土地流转:新情况、新思考——浙江农村土地流转制度的调查[J].中国农村经济,2001(10).

53. 张文根,吴维群.集体非农土地流转管理思考[J].中国土地,2000(08).

54. 邓大才.承包土地流转价格低廉的原因分析[J].现代经济探讨,2000(10).

55. 魏凤秀.农村土地流转中的土地估价问题探讨[J].农业经济,2000(02).

附录一

新疆生产建设兵团国有农用地承包管理办法（试行）

第一章　总　则

第一条　为完善兵团国有农用地承包经营制度，加强国有农用地承包管理，根据《中华人民共和国土地管理法》《中华人民共和国合同法》《中华人民共和国草原法》《中华人民共和国森林法》《新疆维吾尔自治区实施〈中华人民共和国土地管理法〉办法》等相关法律法规，按照兵团党委推进团场综合配套改革的部署要求，制定本办法。

第二条　本办法所称国有农用地，是指国家所有兵团团场管理的直接用于农业生产的土地，包括耕地、园地、林地、牧草地、其他农用地（包括设施农业用地、坑塘水面、田间道路、沟渠田坎、晒谷场等用地）。

第三条　兵团国有农用地采取定额承包经营方式，职工承包的定额地也称身份地，用于满足职工生活需求并缴纳社会保险，只有遵守兵团连队职工守则、履行民兵义务的在编连队职工掌有承包经营权。身份地本质上是兵团职工民兵义务田。

第四条　国有农用地承包关系保持相对稳定。国有农用地承包后，土地的所有权性质不变。

第五条　职工承包国有农用地合同生效时获得承包经营权；团场颁发《新疆生产建设兵团国有农用地承包经营权证》，确认职工承包经营权。颁发国有农用地承包经营权证，不收取任何费用。

第六条　国有农用地承包应保护土地资源的可持续利用，严格保护基本农田、农田防护林,鼓励连队职工增加对土地的投入,培肥地力,提高农业生产能力。

第七条 职工承包采取自主经营、自负盈亏、自担风险的方式,并按时足额缴纳社会保险费。团场、连队不得向职工承包的身份地收取承包费用。

第八条 兵团农业行政主管部门依照职责负责兵团国有农用地承包、承包合同及承包经营权证管理的指导。师市农业行政主管部门依照职责负责本师国有农用地承包、承包合同及承包经营权证的管理。团场负责组织实施本团场国有农用地承包、承包权和合同签订及承包经营权证发放等工作。

第二章 发包方和承包职工的权利和义务

第九条 团场作为发包方,向连队职工发包国有农用地。

第十条 发包方享有下列权利:

(一)发包国有农用地,并与职工签订承包合同。

(二)组织、监督承包职工履行民兵义务。

(三)监督承包职工合理利用土地,保护生态环境,制止承包职工损害国有农用地和农业资源的行为。

(四)法律、法规规定的其他权利。

第十一条 发包方承担下列义务:

(一)尊重承包职工的生产经营自主权,不得干涉其正常的生产经营活动。

(二)依照承包合同约定为承包职工提供技术指导、信息服务

(三)执行团场土地利用总体规划,组织本团场的农业基础设施建设。

(四)法律、法规规定的其义务。

第十二条 承包职工享有下列权利:

(一)国有农用地使用权、收益权以及依照兵团规定流转的权利。

(二)自主组织生产经营和处置产品的权利。

(三)承包国有农用地被依法征收、占用的,依法依规获得相应补偿的权利。

(四)法律、法规规定的其他权利。

第十三条 承包职工承担下列义务:

(一)履行维稳戍边义务,按规定参加民兵组织,依法足额缴纳社会保险费。

(二)维持土地的农业用途,严格保护基本农田。

(三)依法保护和合理利用土地,不得闲置、荒芜承包土地,不得给土地造成损害,不得掠夺性经营、导致地力下降。

(四)法律、法规规定的其他义务。

第三章 承包的原则和程序

第十四条 国有农用地承包应遵循以下原则:

(一)坚持身份地规模与集聚人口的政策导向相协调的原则。

(二)坚持职工享有国有农用地承包经营权与厦行民兵义务相统一的原则。

(三)坚持依法、平等、自愿的原则。

(四)坚持民主管理、公平公开的原则。

第十五条 国有农用地承包应遵守以下程序:

(一)成立团场国有农用地承包工作领导小组,制定团场国有农用地承包方案。

(二)团场国有农用地承包方案,报师市党委批准。

(三)根据团场国有农用地承包方案,团场组织各连队管理 委员会按照“一事一议”和“四议两公开”制度实施。

(四)团场法定代表人与承包国有农用地的职工本人签订国有农用地承包合同。

第四章 承包期限和承包合同

第十六条 国有农用地承承包期限不得超过承包职工的退休前剩余年限。

第十七条 发包方应当与承包职工签订书面承包合同。承包合同条款不得违背国家法律法规和兵团的有关规范性规定承包合同应包括以下内容:

(一)合同名称,发包方全称、承包职工姓名、身份证号码社会保幛号码、户籍所在地、合同编码。

(二)承包期限,起止日期。

(三)承包国有农用地的地块代码、面积、坐落(四至)是否基本农田。

(四)国有农用地承包经营用途。

(五)承包经营方式和职工社会保险费交纳方式。

(六)农用地附属设施及防护林管护。

(七)双方的权利义务。

(八)违约责任和纠纷解决方式。

(九)合同变更、终止、解除的条件。

第十八条　承包合同自签订之日起生效。

第五章　职工承包经营权的保护

第十九条　承包期内,承包职工未违反承包合同约定的,发包方不得假借少数服从多数强迫承包职工放弃或者变更国有农用地承包经营权。

第二十条　承包期内,因自然灾害严重毁损或依法被征收、占用,致使承包地部分或全部丧失而需要调整的,团场应及时调整。

第二十一条　团场可以用下列国有农用地调整或者发包给新增职工:

(一)团场经营性国有农用地。

(二)依法开垦等方式增加的国有农用地。

(三)承包职工依法、自愿交回的国有农用地。

第二十二条　承包期内,承包职工交回承包地或者发包方依法收回承包地时,对承包职工在其承包地上合理投入且可继续利用部分,由合同双方协商解决。

第二十三条　承包职工退休时区别不同情况,对种植前期投入较大、投资回收期较长作物的承包者要给予合理补偿,也可由其符合职工招录条件的子女优先承包。

第六章　争议的解决和法律责任

第二十四条　国有农用地承包经营发生纠纷的,可以请求连队管理委员会、团场司法所调解解决,或向当地仲裁机构申请仲裁,也可以直接向合同履行地人民法院起诉。

第二十五条　任何组织和个人侵害承包职工国有农用地承包经营权的,应当依法承担法律责任。

第二十六条　承包方违法将承包地用于非农建设的,由师市有关行政主管部门依法查处，承包职工给承包地造成损害的，发包方有权制止，并有权要求承包方赔偿由此造成的损失。

第七章 附 则

第二十七条 本办法由兵团农业局负责解释。

第二十八条 本办法自颁布之日起施行。

新疆生产建设兵团办公厅

2018 年 2 月 27 日

附录二

大学生土地流转社会调查问卷

您好！我们是塔里木大学法学专业学生，为了完成科研课题项目，了解农户土地流转的整体情况，我们需要您配合进行社会调研。我们保证为您保守秘密，调研的信息只是用于科学研究，不用于其他任何用处。非常感谢您的支持！

1. 您的性别(　　)

A. 男　　B. 女

2. 您的年龄(　　)

A. 25岁以下　　B. 26~30岁

C. 31~40岁　　D. 41岁及以上

3. 您的文化程度(　　)

A. 小学以下　　B. 小学毕业

C. 初中毕业　　D. 高中毕业

E. 大专及以上

4. 您的婚姻状况(　　)

A. 未婚　　B. 已婚

C. 离婚

5. 您的家庭成员构成(　　)

A. 单身居住　　B. 只有夫妻一起生活

C. 和父母一起的2代人家庭　　D. 和子女一起的2代人家庭

E. 3代人一起生活的家庭　　F. 其他

6. 您现在所从事的职业（　　）

A. 团场职工　　B. 工人

C. 管理人员　　D. 做小生意等

E. 开办企业　　F. 其他

7. 您自己名下有没有土地？（　　）

A. 有，一共有耕地__________亩　　B. 没有

8. 如果您现在在耕作土地，那么该土地是通过何种流转方式获得的？（　　）

A. 团场分配　　B. 租赁

C. 转包　　D. 代耕

E. 其他

9. 若您个人名下无地，您希望获得土地吗？（　　）

A. 希望　　B. 不希望

10. 您的家庭年收入状况（　　）

A. 2 万以下　　B. 2 万（含）~5 万元

C. 5 万（含）~10 万元　　D. 10 万元以上（含）

11. 您参加了哪些社会保险？（　　）（多选）

A. 养老保险　　B. 失业保险

C. 合作医疗　　D. 工伤保险

E. 生育保险　　F. 其他商业保险

G. 没有保险

12. 您希望别人承包您的土地吗？（　　）

A. 希望　　B. 不希望

13. 您转包或转让出去过耕地吗？（　　）

A. 转包或转让出去过耕地

B. 没有转包或转让出去过耕地

14. 您家里是否有承包更多土地的打算？

A. 有该打算，而且条件成熟

B. 有该打算,但无人转出

C. 缺少劳力,不打算

D. 不打算,种田不赚钱

15. 您没有参与土地流转的原因?（　　）

A. 土地太少,只能自给

B. 无流转服务平台

C. 没有信息渠道

D. 没有人愿意承包

E. 其他原因

16. 根据您家庭的农村土地经营状况,您是否愿意转入或转出农村土地?（　　）

A. 愿意转入　　B. 愿意转出

C. 维持现状　　D. 没有想过流转土地

17. 您未将家中的耕地流转出去的原因有哪些?（　　）(可多选)

A. 依靠种地维持生计　　B. 土地的流转收益过低

C. 认为农民就应该种地　　D. 找不到受让人

E. 担心发生合同纠纷　　F. 其他

18. 您在进行土地流转时,有何感觉?（　　）

A. 很容易　　B. 比较容易

C. 一般　　D. 比较麻烦

E. 很麻烦

19. 您对谁要转出土地和谁要转入土地等流转信息很容易知道吗?（　　）

A. 很容易　　B. 比较容易

C. 一般　　D. 比较麻烦

E. 很麻烦

20. 您希望承包别人的土地吗?（　　）

A. 希望　　B. 不希望

21. 您从其他农户那里转入过耕地吗？（　　）

A. 从其他农户那里转入过耕地　　B. 没有从其他农户那里转入过耕地

22. 土地流转形式（　　）（单选）

A. 转让转包　　B. 互换

C. 出租　　D. 入股

23. 您买卖土地时是什么合同形式？（　　）

A. 口头　　B. 书面合同但未咨询律师

C. 请律师拟定书面合同

24. 双方发生纠纷的解决方式是什么？（　　）（可以多选）

A. 找村委会解决　　B. 双方协商

C. 提出诉讼　　D. 其他

25. 在当地有没有土地承包经营权流转市场？（　　）

A. 有　　B. 没有

C. 不知道

26. 您认为当地土地流转产生纠纷的原因是什么？（　　）（多选）

A. 合同当事人违约

B. 合同条款不健全

C. 没有签订合同

D. 国家相关政策中有关农业税减免和粮食补贴等带来的利益归属问题

27. 当地解决土地承包纠纷的途径有哪些？（　　）

A. 当事人之间协调

B. 中介组织调解

C. 村委会或乡人民政府调解

D. 向农村土地承包仲裁机构申请仲裁

E. 向人民法院起诉

28. 您家农地流转时间一般是多少年？（　　）

A. 1 年以内　　B. 1 ~ 3 年

C. 4 ~9 年　　D. 10 年以上

29. 您流出土地的主要原因是什么?(　　)(多选)

A. 缺乏劳动力　　B. 自己耕种土地的效益太低

C. 种地太辛苦　　D. 流出所得比自己种植的收益高

30. 您所在的团场是否建立有土地流转服务中心?(　　)

A. 有　　B. 没有

31. 据您所了解,您遇到的土地承包经营纠纷是否得到妥善调解和仲裁?(　　)

A. 是　　B. 否

32. 您家中是否有人参加了社会保险(如养老保险、医疗保险等)?(　　)

A. 没有人参加　　B. 部分参加

C. 全部参加

33. 您对兵团土地流转政策是否了解?(　　)(单选)

A. 很熟悉　　B. 了解一点

C. 不了解

答卷到此结束。谢谢您的善良的参与!

调研地域:________市区________团

主持社会调查学生姓名:

班级:________班